2008 L'ANNÉE DU KRACH

2008

L'ANNÉE DU KRACH

Bruno COLMANT
est Docteur en Sciences de gestion et Ingénieur Commercial de l'Ecole de Commerce Solvay de l'ULB, Maître en Sciences Fiscales et titulaire d'un MBA de Purdue University (Etats-Unis). Conférencier et auteur d'une vingtaine d'ouvrages et de nombreux articles scientifiques, il est titulaire de diverses charges d'enseignement à la Vlerick Management School, à l'ICHEC, aux Facultés Universitaires Saint-Louis, à l'UCL, à l'Université du Luxembourg et à l'Université de Genève. Il possède les certifications internationales d'analyste financier (CFA, CIIA et CeFA).

Chantal SAMSON
est licenciée en Journalisme et Communication de l'ULB. Journaliste durant près de vingt ans dans la presse économique belge (Trends-Tendances, L'Echo), elle a créé en 2004, avec Marie Brandeleer, l'agence d'écriture et de conseil éditorial Business Writers (www.businesswriters.be).

de boeck & larcier

Pour toute information sur notre fonds et les nouveautés dans votre domaine de spécialisation, consultez notre site web : www.larcier.com

Éditions Larcier
Rue des Minimes, 39 • B-1000 Bruxelles

Imprimé en Belgique
Dépôt légal 2009/0031/073

ISBN 978-2-8044-1644-7

L'avenir n'est plus ce qu'il était.

Richard Fariña
Musicien, poète et
romancier américain, 1937-1966

Ouvrages de Bruno Colmant
(individuels et collectifs)

Les nouveaux instruments financiers, Bruxelles, Kluwer Éditions Juridiques, 1994.

Gestion du risque de taux d'intérêt, Bruxelles, Kluwer Éditions Juridiques, 1995.

Les nouveaux instruments financiers, Bruxelles, Kluwer Éditions Juridiques, 1998.

Le droit comptable belge applicable aux instruments financiers, Bruxelles, Larcier, 2001.

Les stock options, Cahiers Financiers, Bruxelles, Larcier, 2002.

Les instruments financiers optionnels, Cahiers Financiers, Bruxelles, Larcier, 2002.

Les obligations, Cahiers Financiers, Bruxelles, Larcier, 2002.

Efficience des marchés, Cahiers Financiers, Bruxelles, Larcier, 2003.

La décote des holdings belges, Cahiers Financiers, Bruxelles, Larcier, 2003.

Les normes IAS/IFRS 32 et 39, Cahiers Financiers, Bruxelles, Larcier, 2003.

Les stock options – Édition 2004, Cahiers Financiers, Bruxelles, Larcier, 2004.

Les obligations – Édition 2004, Cahiers Financiers, Bruxelles, Larcier, 2004.

Les obligations convertibles, Cahiers Financiers, Bruxelles, Larcier, 2005.

Les Accords de Bâle II pour le secteur bancaire, Cahiers Financiers, Bruxelles, Larcier, 2005.

Les normes IAS/IFRS 32 et 39 – 2005, Cahiers Financiers, Bruxelles, Larcier, 2005.

Les stock options – Édition 2006, Cahiers Financiers, Bruxelles, Larcier, 2006.

Les intérêts notionnels, Cahiers Financiers, Bruxelles, Larcier, 2006.

L'image fidèle en droit comptable belge, Cahiers Financiers, Bruxelles, Larcier, 2007.

Les normes IAS/IFRS 32 et 39 et IFRS 7, Cahiers Financiers, Bruxelles, Larcier, 2007.

La suppression des titres au porteur, Louvain-la-Neuve, Anthemis, 2007.

Les déductions fiscales à l'impôt des sociétés, Cahiers Financiers, Bruxelles, Larcier, 2008.

Économie européenne : l'influence des religions, Louvain-la-Neuve, Anthemis, 2008.

Les normes IFRS, Collection Synthex, Paris, Pearson, 2008.

Table des matières

PAGES

Avant-propos

La superstition des années octogonales

Dans la croyance chinoise, le chiffre 8 est un signe de bonheur et de prospérité. Mais si, en numérologie asiatique, le chiffre 8 symbolise l'expansion matérielle, il en va tout autrement dans les éphémérides du Royaume de Belgique : le même numéro y est, depuis 50 ans, un signe de profonde mutation économique et sociologique. De décennie en décennie, les années aux consonances octogonales consomment une rupture.

L'histoire commence en 1958. C'est l'année du Pacte scolaire et de l'Exposition universelle, symbolisée par la construction de l'Atomium. L'Expo 58 témoigne de l'aisance d'une Belgique mielleuse et bienveillante, confortée par la croissance d'après-guerre et par de prospères colonies. On ne le savait pas encore, mais ces moments de liberté sonnaient le glas de l'insouciance. Des mutations d'une envergure inattendue allaient bientôt affecter l'économie. La première crise du pétrole et les dimanches sans voiture n'étaient plus très loin.

En 1968, après le vote des lois linguistiques, la scission de l'Université de Louvain en une université flamande et une université francophone ouvre la voie à la régionalisation de la Belgique (accords d'Egmont) dans les années 1970.

En 1978, la deuxième crise pétrolière accable le pays. Considérée à tort comme une péripétie conjoncturelle par des gouvernements mal préparés, elle annonce deux décennies funestes pour l'économie. Une génération entière se souvient de la suite : un déficit budgétaire à deux chiffres et une spirale inflationniste cyclonique. Le franc belge est soumis à des pressions brutales, conduisant à la mémorable dévaluation de février 1982.

En 1988, après une décennie de tâtonnements politiques, la Belgique est en état de faillite virtuelle. Le sauvetage des cinq secteurs nationaux n'a pas été probant, mais l'ancrage belge de l'économie semble au moins sauvegardé. C'est oublier un peu vite l'ouverture des frontières. En juin 1988, l'annonce de l'OPA de Carlo De Benedetti sur la Société Générale de Belgique, principal holding du pays, dissipe ce mirage.

La dislocation de la Générale de Belgique aurait pu réveiller l'ambition d'une densité économique nationale. Il n'en sera rien : dix ans plus tard, en 1998, une seconde rafale d'OPA (PetroFina, BBL, Royale Belge...) balaie le paysage boursier. Le pays est-il devenu trop petit pour prétendre à une envergure européenne? Ce n'est pas exclu.

Un demi-siècle après l'Exposition universelle, l'année 2008 est celle du troisième choc pétrolier, de la crise des *subprimes* et d'un sauvetage bancaire à l'échelle planétaire. Aucune des trois banques belges n'en sort indemne, l'État intervenant dans leur recapitalisation. Ces crises annoncent de nouvelles géographies économiques. Leurs conséquences sont difficiles à appréhender, mais elles seront profondes.

Une autre chose a changé depuis 1958 : le pouvoir politique s'est lentement immergé dans l'économie de marché. Les politiques monétaires sont devenues continentales. Le confinement national des organismes de contrôle prudentiel est fragilisé. Les entreprises sont multinationales et dotées d'un actionnariat planétaire. Ce sont, aujourd'hui, les prix du marché et les prospectives conjoncturelles qui guident les choix politiques.

Au risque de choquer certains thuriféraires des politiques collectivistes, la première leçon de l'année 2008 tient en quelques mots : la sphère politique est subordonnée aux évolutions économiques. C'est l'économie marchande, certes adéquatement régulée, qui est la réalité première de nos communautés.

C'est un constat encore plus évident pour un petit pays immergé dans une économie mondialisée, aux forces gravitationnelles d'une densité inconnue. En même temps, l'intervention des pouvoirs publics dans le renflouement bancaire montre la valeur ajoutée d'une gestion gouvernementale prudente et rassurante.

Le rôle des pouvoirs étatiques en sera, par exemple, altéré. Demain, les États se révéleront plus forts. Par État fort, il ne faut toutefois pas comprendre des structures lourdes, mais plutôt un État qui aura la capacité de fragmenter les positions dominantes. C'est bien pour cette raison que ce rôle est dévolu aux autorités européennes, dont les prérogatives géographiques correspondent à l'internationalisation des entreprises.

Par-devant l'émoi qui guide les propos de certains économistes, il convient d'esquisser quelques axes de réflexion sur cette crise des *subprimes*. Le paysage économique présente de nouveaux reliefs et de nouvelles lignes d'horizon, dont cet ouvrage, rédigé à titre exclusivement académique et loin d'apporter des explications définitives, tente d'esquisser les contours de manière intuitive.

Les bulles et krachs financiers

Depuis la crise des *subprimes*, de nombreuses voix s'élèvent pour s'inquiéter des bulles financières. Chaque accroissement de volatilité s'accompagne de l'intervention d'un cortège d'économistes improvisés. Il faut alors faire le tri entre les propos cataclysmiques sur l'effondrement du système capitaliste et la nécessité d'une thérapeutique draconienne. Et surtout rappeler que la «main invisible» d'Adam Smith gifle parfois les marchés boursiers.

L'examen économique s'accommode mal des analyses émotives et des frayeurs millénaristes. C'est avec factualité qu'il convient d'appréhender les crises. Celles-ci concernent non seulement les valeurs financières, mais aussi les biens réels, tels l'immobilier et les matières premières. La question se pose donc de savoir comment définir ce phénomène auquel une importante littérature académique est consacrée.

La difficulté, lorsqu'on analyse une crise boursière, c'est de faire un effort d'humilité intellectuelle et d'entreprendre une démarche d'abstraction. L'humilité intellectuelle découle du fait qu'une crise ne se prévoit pas, ni ne s'explique totalement : dans le cas contraire, elle aurait été prévenue. Au reste, la même réserve doit prévaloir quant à l'annonce de son achèvement. En effet, sans capacité d'avoir pu anticiper une crise, on ne dispose pas de légitimité pour en consacrer l'aboutissement. Par ailleurs, l'étude empirique instruit que les cours de bourse ne sont ni prévisibles ni modélisables, et que la valeur boursière explore en permanence l'aléa, reposant lui-même sur une volatilité anticipée.

Une bulle est due souvent à la combinaison de deux phénomènes : une expansion des crédits à faible taux d'intérêt et une confiance généralisée dans les fondamentaux économiques considérés, à tort ou à raison, comme favorables et durables, et qui constituent la base d'un mouvement de hausse des prix. Il s'ensuit un mimétisme euphorique collectif.

C'est surtout un effort de conceptualisation qu'exige l'examen d'une perturbation boursière. Il faut se détacher des prémonitions millénaristes et autres pythies qui, sur un ton apocalyptique, annoncent tour à tour l'implosion du système ou une répétition des événements de 1929, le tout assorti des superlatifs les plus inquiétants.

Au reste, dans ce dialogue, nous distinguons les crises bancaire et boursière, même si parfois elles sont confondues par abus de langage. Cette crise est une crise de crédit, ayant impacté les banques et donc, par transitivité, la valorisation boursière des institutions financières. L'augmentation anticipée du coût du crédit, conjuguée à une contraction conjoncturelle, a entraîné un accablement des valeurs boursières. Il est important, au travers de ce dialogue, de garder à l'esprit cette séquence.

Au demeurant, les bourses de valeurs ont parfaitement joué leur rôle en termes opérationnels, puisqu'elles ont assuré, sans rupture, une fluidité optimale du capital et la formulation continue et permanente de valeurs. Si les cours de bourse ont été accablés par des flux d'ordres, il n'y a pas eu de crise des bourses. C'est d'ailleurs une des leçons à tirer des événements, à savoir que la sphère financière a besoin de marchés réglementés afin d'assurer la formation de prix de référence. L'enseignement de la crise est que la transparence discipline un système.

L'annonce de nouveaux défis?

L'erreur, quand on analyse un krach boursier, c'est de se limiter à en rechercher les causes. Il est bien sûr rassurant d'en extraire quelques enchaînements causaux et commode d'invoquer une logique déterministe. Il est même utile de convoquer l'histoire afin de discerner des séquences passées qu'on peut sommairement greffer sur certains événements contemporains.

Cette crise est trop subite et profonde pour être un accident conjoncturel. Elle présente un aspect structurel, presque référentiel, dont il faut prendre la mesure. Certains invoquent même l'expression d'une crise d'identité, voire de gouvernance mondiale. D'ailleurs, le krach aura, chez chacun d'entre nous, des conséquences non seulement économiques, mais aussi psychologiques, voire existentielles. Car ce bouleversement financier ramène à un traumatisme collectif, à une dislocation de valeurs et à la prise de conscience de la fragilité des constructions humaines.

D'aucuns qualifient cette crise d'accident originel, car elle touche à l'inassurable, c'est-à-dire au risque systémique, qui représente le risque existentiel du néant. Pourtant, nos communautés l'ont elles-mêmes provoquée. Ce ne sont pas des facteurs exogènes ou étrangers aux constructions humaines qui sont à blâmer. Il faut plutôt s'interroger sur la capacité de l'humain à restreindre la profondeur de son champ de réflexion, que ce soit par manque de réalisme, de rigueur, d'exigence intellectuelle ou par confort. Une interprétation déterministe de cette crise doit donc être dissociée de toute impression de hasard.

Cette crise est aussi un avertissement qu'il faut décoder. Les capitalisations boursières ont fondu d'un montant équivalent à six mois de Produit National Brut mondial. Le FMI estime que, pour la première fois depuis la fin de la Seconde Guerre mondiale, les pays développés seront en récession sur une année entière avec une contraction de leur Produit Intérieur Brut.

Le marché a ainsi annoncé l'immersion dans un univers plus volatil, exigeant des établissements de crédit plus robustes. Mais c'est aussi une pénétration brutale dans les réalités de l'économie de marché. Cette transition consacre le passage d'un monde déductif à un monde inductif. Un véritable choc des modèles; le contexte européen est déductif et repose sur la capitalisation financière. Le contexte anglo-saxon est inductif et se fonde sur l'actualisation financière. Ces deux contextes présentent des affinités certaines avec les modes de pensée catholique (modèle latin) et réformé (modèle anglo-saxon).

Au-delà d'une vision contextuelle du krach boursier, d'autres perspectives doivent être envisagées. Les krachs importants surviennent en anticipation de transitions. Ces dernières peuvent concerner des mutations sociétales, comme le passage d'une société agricole à une société industrielle (krach de 1929) ou d'une société industrielle à une société de services (morosité boursière des années 1970).

Cette crise me rappelle l'Appel du 18 juin du Général de Gaulle : «*Cette guerre n'est pas limitée au territoire malheureux de notre pays. Cette guerre est une guerre mondiale*». La crise se diffuse sur tous les continents. Alors, que préfigure le krach de l'année 2008? Est-il un signe annonciateur ou un événement non connexe? Quels sont les nouveaux paradigmes? La mutation vers une société de la connaissance et de l'intangible? L'étalement planétaire des richesses suivant la mondialisation? Des défis démographiques? Alimentaires? Écologiques?

Ce n'est pas exclu si l'on considère que la bourse explore les utilités futures. À l'intuition, un arrière-plan se distingue : c'est le passage d'une économie de services à une économie de l'hyper-service et de la connaissance. Dans ce type d'environnement, l'invention et le progrès sont géographiquement mobiles. Ce qui est inventé dans un pays est produit dans un deuxième et vendu dans un troisième. C'est donc la véritable mondialisation.

Le débat n'est donc pas de savoir si l'économie de marché est morale ou, au contraire, immorale. L'économie de marché est amorale, c'est-à-dire étrangère au domaine de la moralité, et elle perdurera.

Ce débat est d'ailleurs entouré d'un épais brouillard idéologique. À juste titre, Alain Minc explique que l'économie de marché fonctionne quand le marché et la règle de droit sont l'avers et le revers de la même réalité. C'est une fonctionnalité de règles destinée à explorer l'aléa. Le système financier a prouvé sa résilience, mais la bourse annonce peut-être l'entrée dans de nouvelles géographies socio-économiques. Nos communautés vont devoir développer de nouvelles plasticités et mobilités afin de surmonter de nouvelles phases de contraction et d'expansion économiques.

Cet ouvrage est le résultat académique d'observations strictement publiques. Il n'engage en aucune manière les institutions privées et publiques auxquelles l'auteur collabore.

Bruno Colmant
Automne 2008

Chapitre I – **La crise des *subprimes***

Aux origines de la crise

– *La crise des* subprimes *n'a pas subitement éclaté courant 2007, mais elle a connu une lente gestation, qui a échappé au commun des mortels.*

Il faut, en effet, remonter aux années 1999-2000, qui marquent l'éclatement de la bulle Internet. À sa suite sont survenus deux événements majeurs qui ont perturbé la politique économique américaine : l'affaire Enron et les attentats du 11 septembre 2001. Pour faire face au phénomène de contraction économique qui en a résulté, la Réserve Fédérale américaine (ou *Federal Reserve*) a décidé de baisser significativement ses taux d'intérêt afin de soutenir la valeur des actifs réels. Cela a permis indirectement de maintenir des prix assez élevés dans le secteur immobilier.

Simultanément, les possibilités d'octroyer des prêts hypothécaires à des ménages moins solvables se sont accrues grâce au réescompte de ces prêts auprès de deux institutions parastatales, Freddie Mac et Fannie Mae (mises d'ailleurs sous tutelle en septembre 2008). Cette politique a permis de financer les établissements octroyant ce type de crédits hypothécaires. On constate d'ailleurs que le décollage des prix de l'immobilier aux États-Unis date également du début du millénaire.

Le risque immobilier, ou plutôt le risque de crédit associé à l'acquisition immobilière, s'est lentement diffusé et mutualisé dans le système financier. Nombreux sont d'ailleurs ceux qui, aujourd'hui, parlent de crise des *subprimes*, alors qu'on devrait, en réalité, parler de crise monétaire ou de crise de crédit.

– Personne n'a pointé, à cette époque, les risques sérieux de dérapage.

On a pénétré, au tournant du siècle, dans un nouveau territoire économique et surtout dans une nouvelle équation monétaire dont les variables n'avaient été ni identifiées ni résolues. La révolution Internet, avec ses gains de productivité annoncés, augurait de belles perspectives de croissance économique.

Comme l'argent était bon marché et disponible en abondance, on vivait en pleine euphorie monétaire et celle-ci a conduit à escamoter temporairement le risque de crédit, c'est-à-dire le risque de non-remboursement d'un emprunt par son débiteur. Cette situation s'est transmise aux entreprises, à la sphère corporative. L'entreprise qui avait un problème de financement auprès de son banquier pouvait s'adresser à un deuxième banquier, voire à un troisième, pour suppléer ce manque. Cette réalité s'est reflétée dans le coût des crédits, dont les marges se sont effritées, jusqu'à progressivement gommer certaines discriminations entre bons et moins bons débiteurs.

Certains économistes se sont inquiétés du fait que le gouvernement américain cumulait deux déficits abyssaux – budget fédéral et balance commerciale –, sans prendre conscience, néanmoins, de l'importance du risque de correction. Mais il est très difficile, et probablement même vain, de tirer la sonnette d'alarme en période d'euphorie, lorsque triomphe une forme de sociologie de la réussite et lorsque ce qui est en jeu, c'est le risque systémique, c'est-à-dire le danger existentiel.

Tant que le risque ne s'est pas matérialisé, chacun croit en la pérennité de l'immédiat. C'est un phénomène courant dans la sphère financière. Mais, à un moment donné, l'économie «réelle» du risque

– une qualification, au demeurant, simpliste – reprend ses droits. Cela a conduit à une crise de liquidités et, ensuite, de confiance.

Ceci étant, le système financier a montré, à la faveur de cette crise majeure, une de ses facettes les plus remarquables : sa résilience. La résilience est un terme pour expliquer la résistance des matériaux aux chocs. Transposé au mental, c'est un phénomène psychologique qui consiste à prendre acte d'un traumatisme pour ne plus en être affecté. Dans le domaine économique, le constat de la résilience est une démarche qui consiste à surmonter l'adversité conjoncturelle.

La bombe à retardement des *subprimes*

– Pourquoi tant de ménages américains ont-ils été dans l'incapacité de rembourser leurs dettes ?

On estime qu'environ 9 millions de ménages américains ont bénéficié de *subprimes*, pour un montant global de quelque 1 000 milliards de dollars, selon les estimations du FMI. En 2006, les crédits *subprimes* ont représenté près d'un quart des nouveaux crédits immobiliers octroyés aux États-Unis. Leur encours atteignait près de 13% du total des crédits hypothécaires américains, contre 8,5% en 2001. Ce sont certains de ces crédits qui ont posé problème les premiers, d'où le nom de «crise des *subprimes*», mais ils ne sont qu'un des éléments déclencheurs de la crise, dont les diagnostics ne sont pas unanimement partagés.

Je pense même qu'on n'a toujours pas réellement compris la séquence des événements et que, contrairement à une première impression, il n'est pas exclu que ce soit l'éclatement d'une bulle immobilière qui ait conduit à des défaillances de crédit, et non l'inverse.

Dès le moment où certains ménages américains ont compris que la valeur de leur maison déclinait, ils n'ont plus vu l'intérêt d'en poursuivre le remboursement, puisque la valeur de leur bien était susceptible de décliner en deçà du montant emprunté. De manière opportuniste et nonobstant les situations d'insolvabilité et d'informations tronquées, ils ont alors reporté la chute de valeur de leur habitation sur les établissements de crédit. Ceci explique l'explosion des *foreclosures*, les saisies d'immeubles par ces mêmes établissements. Ce phénomène en a entraîné un autre : le désintérêt pour les *second mortgage loans*, c'est-à-dire les compléments d'hypothèques associés à l'augmentation de valeur des biens.

Différents indices confortent cette explication. D'abord, les crises de crédits hypothécaires précédentes ont souvent coïncidé avec des ressacs du chômage, alors que la crise des *subprimes* a éclaté dans un marché nord-américain caractérisé par le plein emploi. Ensuite, l'insolvabilité est plus élevée sur les emprunts hypothécaires contractés en 2006 et 2007, c'est-à-dire après la hausse de l'immobilier résidentiel, que sur les emprunts contractés en 2003 et 2004, période au cours de laquelle l'immobilier résidentiel restait abordable et n'avait pas encore engrangé de plus-values. Il semble donc que les défaillances immobilières soient en partie contingentes à la plus-value potentielle que des emprunteurs hypothécaires pensaient réaliser lors de la cession de leur bien.

Si ce phénomène est vérifié, il obligera probablement les établissements de crédit et les agences de notation (ou de *rating*) à affiner leurs modèles de gestion de risques. Les agences de notation financière expriment des opinions sur la capacité d'un emprunteur à faire face aux remboursements des dettes qu'il a contractées. Elles notent aussi bien les entreprises que les villes, les régions ou les États. Il s'agit d'un secteur oligopolistique, car il n'y a que trois grandes agences de notation financière d'envergure mondiale : Standard and Poor's, Moody's et Fitch.

La situation interpelle aussi, et à double titre, certaines banques européennes qui ont dû procéder à des abattements d'actifs et subir des comblements de passifs. Ces quelques banques n'ont pas mesuré les risques intrinsèques associés aux obligations titrisées, à tout le moins dans un contexte d'extrême tension. De surcroît, toutes n'ont pas compris la séquence et les attributs des défaillances immobilières américaines, en raison de la sophistication de certains instruments financiers. Le tout est bien sûr de savoir – et il n'y aura jamais de réponse définitive à ce questionnement – quelle est la quote-part des pertes que l'on peut attribuer à un risque mécanique de défaut de payement et quelle est la quote-part des pertes entraînées par la perception de la diffusion d'un risque systémique, par essence impossible à assurer.

Ceci conforte incidemment l'intuition que la crise des *subprimes* n'est pas un cataclysme définitif, mais plutôt un phénomène conjoncturel. Il serait incorrect d'accabler le secteur bancaire ou de l'accuser de myopie, car il a été confronté au risque «originel» ou ultime : la contamination systémique, avec un ébranlement généralisé de la sphère financière et un grippage complet du système.

– Si le gouvernement américain avait décidé de soutenir ses citoyens chancelants, aurait-on fait l'économie d'un krach ?

La question ne se pose pas, car aider les particuliers ne s'inscrit pas dans la philosophie naturelle de la politique fiscale et budgétaire américaine, encore qu'au moment de la rédaction de ce dialogue, le gouvernement américain envisage de consacrer une quote-part du plan de sauvetage Paulson à aider les propriétaires en passe de voir leurs actifs immobiliers saisis.

Outre-Atlantique, le rapport d'un individu à l'argent est, de manière générale, transactionnel et impersonnel, voire opportuniste : il est dépouillé d'une relation à des références supérieures. En d'autres termes, la vertu d'un individu est dissociée de sa capacité financière. L'État n'intervient pas comme support de la vie collective, sinon à titre résiduel ou subsidiaire. En retour, la faillite personnelle est autorisée.

A posteriori, une des causes de la crise réside probablement dans la décision du gouvernement américain d'autoriser, dès le début du millénaire, le réescompte par Freddie Mac et Fannie Mae de crédits hypothécaires qui ne présentaient pas les qualités requises. Mais, à l'époque, permettre le refinancement de crédit de moins bonne qualité répondait à des motifs louables, et d'ailleurs loués, d'accession étendue à la propriété.

– L'immobilier a-t-il la même fonctionnalité patrimoniale aux États-Unis que dans nos communautés ?

Non, et c'est d'ailleurs une des raisons de la mauvaise perception des instruments financiers adossés à des créances hypothécaires. Aux États-Unis, l'immobilier a une valeur transitive et peu patrimoniale. Une habitation n'est pas un placement abouti : c'est un placement transitoire, lié à une activité professionnelle circonstancielle, ou un instrument de placement supposé générer une plus-value à court ou moyen terme. Bien qu'il soit destiné à abriter une famille, un bien immobilier ne suscite donc pas d'attachement particulier et il n'y pas de vertu suprême liée au remboursement de son crédit.

Une crise prévisible, mais jamais annoncée

– Aucun économiste n'avait donc eu l'intuition de la crise ?

Plusieurs économistes se sont manifestés. Certains ont même appréhendé les événements avec le plus d'acuité et d'anticipation mais peu ont été écoutés. Le risque systémique est inhérent à toute architecture financière. En esquisser la probabilité n'en modifie pas l'éventualité, puisque ce risque s'assimile au néant, à l'implosion du système qu'on ne peut jamais totalement exclure.

Parmi plusieurs sources, un ouvrage mérite d'être mis en exergue, à savoir «*Mensonges de l'économie*», publié en 2004 par Galbraith, entré à ce moment dans sa nonante-septième année. Galbraith était probablement un des économistes mondiaux les plus estimés. Ancien professeur à la Harvard Business School et conseiller de différents présidents américains, il appartenait à la lignée des sages, éloignés des effets de mode, qui inscrivent leur enseignement dans le sillage de l'intuition plutôt que de l'enfouir dans un embrouillamini d'équations ésotériques.

Galbraith était un des meilleurs spécialistes de l'analyse des bulles spéculatives et des krachs boursiers. Dans son essai de 2004, il mettait en cause la loi de la concurrence parfaite, estimant que le pouvoir des actionnaires est annihilé par la direction des entreprises, qui crée des bureaucraties destinées à asseoir son pouvoir et fonder sa légitimité. Il s'agit donc d'un plaidoyer pour de meilleures pratiques de gouvernance corporative, dont Galbraith, empreint d'une longue expérience, doutait néanmoins de la pérennité.

– Comment expliquez-vous le fait qu'en période d'optimisme économique les Cassandre n'ont pas bonne presse ?

L'économie avance de manière exclusivement empirique. C'est le règne des formulations hypothético-déductives. Personne ne peut donc postuler, à un moment donné, qu'on entre dans une zone dangereuse. La crédibilité de celui qui annonce une mauvaise nouvelle se dilue dans des projections aléatoires. Autrement dit, il y a toujours une bonne raison de dire qu'on évolue dans une zone inexplorée de l'économie et que, par conséquent, les pathologies de risques ne se répètent pas.

Fin 1996, quand Alan Greenspan (président de la *Federal Reserve* entre 1987 et 2006) a évoqué l'exubérance irrationnelle des marchés, il n'a pas réussi à susciter un réflexe de prudence. Et la bulle Internet a fini par exploser. On ne peut rien contre les mouvements d'accélération, c'est-à-dire les phases successives de contraction et de décontraction, de l'histoire économique.

Dans son ouvrage de 1992, *Brève histoire de l'euphorie financière*, Galbraith explique que la seule solution pour prévenir les crises et les bulles, c'est un scepticisme renforcé. L'auteur avait constaté un phénomène commun aux bulles : la croyance en une modernité qui rend obsolètes les principes établis.

– Cela revient à dire que la machine économique échappe à l'emprise de l'homme.

Absolument, mais cela n'a rien d'effrayant, même si cette conclusion demande un effort d'abstraction. Elle lui échappe par son essence même, puisque l'économie explore le futur et l'aléa qui y est associé. C'est un ensemble rationnel, donc endogène à l'humanité, mais qui reflète l'irrationalité bornée de chaque être humain. De nombreux économistes, dont Adam Smith, ont clairement mis en évidence le fait que l'évolution de l'économie ne peut pas être modélisée de manière précise.

Pour ce théoricien, un intérêt général procède du libre jeu des intérêts particuliers. L'homme ne choisit pas son intérêt, c'est son intérêt qui le dirige. L'économie sécrète un pouvoir supérieur qu'Adam Smith appelle la «main invisible». C'est elle qui pousse l'homme à faire les bons choix, c'est-à-dire ceux qui ont des conséquences sociales positives : le bien-être collectif apparaît ainsi comme le fruit de l'appât du gain inhérent à chaque individu.

L'économie de marché est soumise à des crises à répétition, car elle évolue par compression-décompression. Il faut accepter ces aléas, qui sont source de progrès pour tous. La même logique se distingue incidemment dans le domaine boursier, dont le rôle essentiel est la formulation des valeurs : aucune équation, aussi sophistiquée soit-elle, ne parviendra à restituer, avec une valeur prédictive, l'évolution de ces valeurs. La raison en est simple : la valeur découle d'anticipations contraires, donc de postulats sur les évaluations futures. Or, l'avenir ne se devine pas.

Ceci ramène aux écrits de Joseph Aloïs Schumpeter (1883-1950) qui, dans son ouvrage *Capitalisme, Socialisme et Démocratie*, postule que «*le capitalisme constitue, de par sa nature, un type ou une méthode de transformation économique. Non seulement, il n'est jamais stationnaire, mais il ne pourrait jamais le devenir. […] L'impulsion fondamentale qui met et maintient en mouvement la machine capitaliste est imprimée par les nouveaux objets de consom-*

mation, les nouvelles méthodes de production et de transport, les nouveaux marchés, les nouveaux types d'organisation industrielle – tous éléments crées par l'initiative capitaliste [...]. Puisque nous avons affaire à un processus dont chaque élément ne révèle ses véritables caractéristiques et ses effets définitifs qu'à long terme, il est vain d'essayer d'apprécier le rendement de ce système à un moment donné – mais on doit juger son rendement à travers le temps, tel qu'il se déroule sur des dizaines ou des centaines d'années. Chaque mouvement de la stratégie des affaires ne prend son véritable sens que par rapport à ce processus et en le remplaçant dans la situation d'ensemble engendrée par lui [...]. En d'autres termes, le problème généralement pris en considération est celui d'établir comment le capitalisme gère les structures existantes, alors que le problème qui importe est celui de découvrir comment il crée, puis détruit ces structures».

– Finalement, les subprimes n'auront été qu'un déclencheur de la crise.

Effectivement, ils étaient un des maillons faibles! Leurs défaillances ont entraîné une contamination au sein des établissements de crédit et des compagnies d'assurances. Il en a résulté une perte de confiance, grippant le crédit interbancaire et asséchant la liquidité pour des instruments financiers traités de gré à gré.

D'autres effets collatéraux ont été constatés, comme des erreurs de valorisation d'instruments financiers, à l'image de ce qui est apparu chez l'assureur AIG. Les *subprimes* sont donc à l'origine de la crise, mais l'environnement était instable et a constitué une zone de culture pathogène. C'est pour cette raison qu'une réglementation portant sur un certain type de crédit ou sur la technique de titrisation serait inaboutie. Ce qui doit être envisagé, c'est un renforcement des pratiques de gestion du risque et des fonds propres au sein des entreprises qui acquièrent des actifs financiers atypiques ou moins liquides.

Pied de nez à la finance comportementale

– La finance comportementale tente d'identifier des travers de comportement qui pourraient influencer le prix des actifs. Que peut-on tirer de cette discipline dans l'analyse de la crise des subprimes ?

La crise des *subprimes* confond les spécialistes de la finance comportementale, qui s'étonnent du taux de défaillance des ménages américains par rapport à la nature de leurs engagements financiers. Lors des crises économiques précédentes, les économistes avaient, en effet, observé que les ménages américains en difficulté financière déclaraient leur insolvabilité selon une séquence répétée.

L'insolvabilité concernait successivement les encours de cartes de crédit, puis les emprunts contractés pour acquérir des voitures et enfin les emprunts hypothécaires. Cette séquence explique pourquoi le taux d'intérêt sur les débits associés à des cartes de crédit est élevé : ces crédits sont les plus faciles à obtenir, ne sont assortis d'aucune garantie réelle et absorbent les premiers les difficultés financières des ménages. La chronologie des défaillances est, au demeurant, logique en termes d'utilité des biens : la disposition d'un toit prime sur la faculté de se déplacer et sur certaines dépenses de consommation.

Pourtant, la crise des *subprimes* a révélé un phénomène stupéfiant : de nombreux ménages américains ont failli au niveau de leurs emprunts hypothécaires, tout en continuant à honorer leurs autres engagements financiers. De surcroît, les établissements de crédit ont observé que certains ménages avaient cessé de payer leurs emprunts hypothécaires alors qu'ils n'avaient aucune difficulté financière !

– Comment expliquer cette étrange ambiguïté ?

Précisément par le fait que l'éclatement de la bulle immobilière américaine aurait entraîné la crise des *subprimes*, et non le contraire. Certes, la défaillance hypothécaire n'est pas, pour un particulier américain, une situation opportune, mais une faillite personnelle n'entraîne pas, outre-Atlantique, de stigmate financier incicatrisable.

Les dispositions commerciales américaines prévoient l'évocation du *Chapter 13* qui conduit les établissements de crédit à élaborer avec les emprunteurs hypothécaires défaillants un plan de remboursement alternatif. Il existe aussi le *Chapter 7* qui permet, moyennant une cession des biens gagés, d'apurer toutes les dettes d'un particulier insolvable. Cette situation extrême n'est, bien évidemment, pas sans contraintes : une faillite personnelle rend l'accès au crédit quasiment impossible de manière temporaire et exige de virginiser sa réputation financière.

Chapitre II – **La crise bancaire**

Titriser afin de morceler le risque

– On peut s'étonner du fait que des crédits américains, immobiliers ou autres, se retrouvent in fine *dans des portefeuilles bancaires européens.*

C'est, paradoxalement, une évolution extrêmement saine. Depuis une vingtaine d'années, les établissements de crédit américains soulagent leur bilan en cédant, sous forme d'obligations, les crédits qu'ils octroient. Cette technique s'appelle la titrisation. Elle est très répandue aux États-Unis car elle répond à plusieurs nécessités économiques, dont la diversification des actifs bancaires ou plutôt leur surpondération dans certains actifs. D'autres facteurs plus circonstanciels peuvent jouer, comme l'impossibilité pour certaines banques d'accorder des prêts hypothécaires de risques spécifiques. C'est le cas des créances immobilières de Californie, qui sont assorties d'un risque systémique lié aux tremblements de terre.

Les établissements de crédit externalisent donc les prêts hypothécaires de leur bilan. Ceux-ci sont ensuite réescomptés. Dans ce système, les établissements de crédit jouent le rôle de premier intermédiaire plutôt que d'accumulateur de crédit. Au demeurant, la titrisation ne concerne pas que les prêts immobiliers, mais aussi d'autres classes d'actifs bancaires : encours de cartes de crédit, prêts destinés à financer des voitures, etc.

– Comment s'effectue la titrisation des crédits ?

Il faut d'abord rappeler qu'un établissement de crédit est une institution à laquelle une série d'agents économiques apportent de l'argent sous forme de dépôts et qui, en retour, fournit du crédit à différents acteurs, privés ou publics. Elle a donc comme fonction première d'être créatrice de monnaie, car il y a un effet multiplicateur du crédit entraîné par les dépôts bancaires. L'effet multiplicateur est inhérent à l'émission de crédit. Toute création de monnaie par les banques centrales aboutit à un processus itératif de création de monnaie supplémentaire.

La problématique principale de la gestion bancaire consiste à assurer une bonne adéquation entre le risque de transformation des échéances (c'est-à-dire le risque de taux d'intérêt) et le risque de crédit (défaillance ou remboursement anticipé). Tout crédit perdu affecte, dans un premier temps, les fonds propres de la banque – donc la richesse des actionnaires – et, dans un deuxième temps, la pérennité des dépôts. Un établissement de crédit doit donc calibrer ce risque pour éviter l'effet de contagion, raison pour laquelle il diversifie ses actifs.

C'est dans cette logique-là qu'intervient la titrisation. Cette technique consiste à mutualiser des encours de prêts et à les fragmenter sur la base de classes (ou tranches) de risques, assorties de différents attributs en termes de taux d'intérêt, de priorité des remboursements, de solvabilité des emprunteurs, etc. De manière simplifiée, les portefeuilles de crédits sont transformés en titres échangeables sur les marchés. Ces produits dérivés ou structurés portent différents noms : CDO (*collateralized debt obligation*), CLO (*collateralized loan obligation*), etc.

La titrisation est très saine parce qu'elle permet l'émiettement des risques et évite la concentration des crédits, au bénéfice de leur solvabilité. C'est un mécanisme inhérent au système capitaliste américain, qui est fondé sur la fragmentation de l'actionnariat et la prise de risque individuelle. Éclater les risques favorise, en effet, la diffusion du capital et une meilleure allocation de celui-ci. Les banques européennes ont adopté les mêmes procédés, quoique dans une mesure plus modeste.

– *Quel est le rôle des rehausseurs de crédit?*

Les rehausseurs de crédit sont des établissements financiers spécialisés, appelés *monoline* en anglais, qui apportent leur garantie à une institution afin que les emprunts de cette dernière puissent bénéficier d'une notation de crédit supérieure. Conceptuellement, les rehausseurs de crédit émettent des options de crédit : ils sont rémunérés pour suppléer à un événement de crédit qui affecterait l'institution garantie.

Ils doivent donc bénéficier de la notation de crédit la plus élevée (soit AAA) pour en faire bénéficier leur client. Ceci signifie qu'ils mettent leurs fonds propres à la disposition des institutions garanties, et qu'une chute de notation de crédit des rehausseurs accable leurs propres clients. Les principaux rehausseurs de crédit américains sont MBIA, Ambac et FSA.

Le risque de crédit est un des risques les plus importants auxquels les établissements bancaires sont exposés. Aussi est-il naturel de constater que les établissements bancaires ont développé une série de techniques permettant l'atténuation de ce risque. Parmi ces techniques, les plus classiques sont indéniablement les constitutions de sûretés, les garanties de tiers et la compensation des créances et des dépôts d'une même entité.

Plus récemment, le développement du marché des instruments financiers dérivés de crédit offre aux établissements bancaires une multitude de nouvelles possibilités en matière de gestion du risque de crédit auquel ils sont exposés. Lorsque ces techniques permettent une réelle atténuation du risque de crédit, elles doivent également permettre une réduction des exigences en fonds propres.

Les accords de Bâle I, dont nous reparlerons, reconnaissaient déjà ce fait en réduisant, sous certaines conditions, les pondérations des créances assorties de sûretés et de garanties, et en permettant la compensation pour le calcul des exigences en fonds propres pour le risque de contrepartie des éléments hors bilan. Les accords de Bâle II définissent un cadre clair et complet pour le traitement réglementaire des différentes techniques d'atténuation du risque de crédit, couvrant les conditions liées à la reconnaissance des différentes techniques et leur traitement.

– Que sont les instruments dérivés de crédit et les fameux CDS (Credit Default Swaps) qui auraient entraîné des effets dominos ?

Les instruments financiers dérivés de crédit sont des nouveaux instruments financiers dérivés apparus au milieu des années 1990 et qui, depuis, ont connu une croissance spectaculaire. Ils sont définis comme une classe spécifique d'instruments financiers dont la valeur dépend du risque de crédit d'une entité de référence. Ils permettent d'isoler le risque de crédit d'une institution privée ou publique et de l'échanger entre des contreparties. En cela, ils peuvent être utilisés pour se couvrir du risque de crédit de manière similaire aux garanties, même s'il existe des différences techniques entre les deux instruments.

Parmi ces instruments, les CDS sont les plus populaires. Ils assurent les investisseurs contre les défauts de paiement d'un émetteur d'obligations. L'acheteur de protection par un CDS verse une prime au vendeur de protection qui promet de compenser les pertes d'un actif de référence en cas d'événement de crédit. Les CDS sont considérés comme une des causes de la chute, le 15 septembre 2008, de l'assureur AIG. Certains les considèrent comme une des sources de la diffusion des risques de crédit. J'ai plutôt l'intuition qu'ils contribuent à fragmenter ces risques de crédit et à les diffuser dans l'économie financière, ce qui est préférable au fait de constater des concentrations de risques de crédit.

Au reste, les autorités européennes interpellent désormais les bourses réglementées pour envisager des chambres de compensation pour les CDS. Certains envisagent aussi une cotation des CDS sur des plates-formes transparentes et liquides.

– Pourquoi la mécanique a-t-elle dérapé ?

La mécanique n'a pas dérapé, mais elle a exploré des zones de risques inattendues. La fragilité du système découle de la distance entre le débiteur et le créditeur, qui a été fortement augmentée par la titrisation intercontinentale. La linéarité du flux entre le premier débiteur et le dernier créancier s'est, en quelque sorte, disloquée. Les problèmes résultant de cet éloignement ont été sublimés par le fait que les agences de notation ont accordé des scores à ces différents crédits, aux différentes étapes du processus, selon des standards reconnaissables. La qualification du risque par les agences de notation s'est ainsi substituée, dans le chef de certains protagonistes, à une analyse approfondie des flux réels.

Il faudra donc examiner en profondeur cette relation entre la notation de crédit, d'une part, et la distance entre un emprunteur et un prêteur, d'autre part. Ce phénomène de sous-traitance financière a généré certains dysfonctionnements, car, en bonne logique, le fractionnement de la chaîne de crédit aurait dû alerter les agences de notation, ou, à tout le moins, exiger un état de veille. C'est d'ailleurs ce déficit d'analyse qui fait dire à certains – à tort, selon moi – que la titrisation a contribué à la propagation de risques systémiques plutôt qu'à une saine dispersion des risques.

– Les banques n'ont-elles pas sciemment fait abstraction des risques, trop alléchées par les rendements de ces produits ?

Conditionnées par la faiblesse des taux d'intérêt et la masse de liquidités présentes dans le circuit économique, certaines banques ont diversifié leurs actifs pour obtenir un surcroît de rendement, mais, dans le cas présent, elles n'ont pas correctement évalué si le surcroît de rendement obtenu sur un actif titrisé était bien raisonnable par rapport au risque de crédit accru qui en découlait. Il s'est produit une erreur de calibrage du risque, accentuée par le volume de ces actifs aujourd'hui qualifiés de «toxiques».

Mais il convient de rester circonspect, car ce qui est qualifié de toxique aujourd'hui ne l'était pas hier. D'ailleurs, c'est la crise elle-même qui a augmenté la toxicité de certains produits financiers qui ne l'étaient pas initialement. La toxicité est donc un phénomène qui s'est auto-entretenu, à certains égards. Ceci renforce d'ailleurs ma conviction que la crise n'était, dans de nombreux aspects, pas prévisible dans certains de ses développements car elle est inhérente au processus heuristique d'amélioration de la gestion des risques. En d'autres termes, cette crise est auto-disciplinante et relève d'un processus d'apprentissage normal. Elle a, en outre, rappelé le danger dantesque : le risque systémique.

Il apparaît cependant que certains établissements bancaires devront, à l'avenir, formuler précisément et rigoureusement le niveau de risque qu'ils sont prêts à assumer, dans une conjugaison des exigences de rendement pour l'actionnaire et de protection des déposants. C'est précisément cet argument qui conduit certains à envisager, aujourd'hui, une «ré-intermédiation» financière de certains flux qui avaient été externalisés au sein d'opérateurs moins réglementés ou régulés.

– Qui est l'apprenti sorcier : le trader *qui a élaboré ces produits ou le banquier qui les a acquis ?*

Les entreprises qui titrisaient des crédits savaient ce qu'elles faisaient, à bon escient, dans le cadre d'une gestion normale des crédits. En revanche, certaines banques européennes qui ont acquis ces produits sont parfois entrées dans des zones de modélisation mathématique du risque qu'elles ne connaissaient pas pour deux raisons : les produits étaient nouveaux et le comportement des crédits octroyés sur un autre continent (essentiellement le type de réaction face au risque de crédit) leur était moins familier. Il est donc évident qu'il y a eu un problème de compréhension qui s'est traduit, dans certains cas, par un déficit de maîtrise de la modélisation.

Cette maîtrise incomplète de la modélisation financière, combinée à des paramètres inscrits dans des zones de faible probabilité (c'est-à-dire moins communes aux analyses de risques), explique toutes les difficultés rencontrées par les institutions financières lorsque le marché de ces actifs est devenu moins liquide. Mais la nuance doit prévaloir, car le secteur bancaire a affronté un phénomène inconnu, dont personne ne pouvait anticiper la gravité. D'ailleurs, ce qui a grippé la liquidité du système, ce ne sont pas les actifs titrisés, mais l'assèchement du crédit interbancaire, qui correspond à une logique bien différente. Il y a eu un phénomène de combustion instantanée et autoalimentée du système. Nous allons y revenir.

– Quel profil ont ces jeunes traders, *aujourd'hui montrés du doigt par toute la communauté financière ?*

Ce sont des mathématiciens et des statisticiens opérant au sein des banques émettrices, qui ont pour mission de regrouper puis de fragmenter les risques de crédit suivant des modèles mathématiques. Dans un prêt hypothécaire titrisé, de nombreux paramètres doivent être calibrés mathématiquement : par exemple, la défaillance de remboursement ou les mécanismes de remboursement anticipé (celui-ci est fréquent aux États-Unis en raison de la forte mobilité professionnelle et géographique des personnes actives).

Seulement, ces opérateurs sont entrés dans une frange de risques de crédit qu'eux-mêmes ne connaissaient pas, à savoir les *subprimes*. Ils n'ont, dès lors, pas pu explorer toutes les possibilités de non-remboursement. De surcroît, les modèles mathématiques de gestion du risque de crédit sont encore peu formalisés et «en friche» sur le plan académique.

La courbe d'expérience n'a pas encore été intégralement parcourue et les modèles ont été insuffisamment testés par les marchés. Ces modèles font, par exemple, intervenir des données qui relèvent de la modélisation des comportements, encore mal définis, contrairement aux produits financiers portant sur des valeurs mobilières négociées sur des marchés réglementés, qui sont, eux, mieux analysés. Cette absence de modélisation satisfaisante a conduit aux déficits de liquidité et de valorisation, au paroxysme de la crise.

Quand on prend du recul par rapport aux événements, on se rend compte que la gestion des risques devra être renforcée par des analyses de scénarios extrêmes, ce qu'on qualifie dans le jargon technique de *stress testing*. Les risques suivent, en effet, des schémas moins linéaires qu'on ne l'avait imaginé jusqu'ici. Les cercles académiques auront un rôle utile à jouer dans ce domaine au cours des prochaines années.

– L'insolence de certains dirigeants bancaires ne suffit-elle pas à expliquer ce peu de souci pour la transparence en matière de gestion des risques ?

Je ne parlerai aucunement d'insolence, car il me semble plus important de comprendre un système, qui constitue un être moral dénué de sentiments moraux, plutôt que de qualifier des comportements individuels. Je ne pense pas qu'il y ait eu un choix délibéré d'opacité, mais la mathématisation des flux est devenue tellement complexe que personne ne pouvait plus avoir de vision claire des scénarios. J'invoquerai donc la juxtaposition d'imprécisions, inhérentes à de nouvelles modélisations financières et au processus d'essais et d'erreurs qui leur est associé, plutôt qu'une occultation.

Il est difficile de ne pas voir ses réflexes s'émousser lors de phénomènes d'euphorie boursière et monétaire. Il ne s'agit pas, en l'espèce, de dédouaner quiconque, mais de tenir compte du caractère exceptionnel de la situation. Il est toutefois indéniable que la crise a mis en lumière un problème de restitution des informations aux différents acteurs concernés par l'activité financière, problème qu'il faudra impérativement résoudre. Ce sera, à n'en pas douter, une des premières tâches des autorités de contrôle prudentiel.

Dans tous les cas de figure, il faudra s'assurer que la titrisation suive désormais de bonnes pratiques et qu'elle ne soit pas diffusée de manière désordonnée, ou plutôt qu'elle ne soit pas incomprise de manière anarchique. Certains recommandent d'ailleurs aux institutions émettrices d'instruments financiers titrisés de conserver une partie du risque résiduel, de manière à discipliner le marché. L'idée n'est pas mauvaise. Elle est d'ailleurs une des techniques déjà utilisée par les marchés financiers pour limiter les risques de premières pertes associées aux valeurs titrisées.

– Les autorités publiques n'ont-elles pas failli à leur mission de surveillance dans les sociétés financières au sein desquelles elles disposaient d'administrateurs ?

Le contrôle des institutions financières est très rigoureux et assuré par des personnalités de premier plan. Mais ce contrôle est, par essence, subséquent aux nouvelles techniques financières. Les nouvelles typologies financières exigeront des compétences complémentaires. Cette crise entraînera une rupture organisationnelle profonde au sein des institutions financières : les juristes céderont la place aux ingénieurs, dotés de compétences fortes en mathématiques. C'est un basculement gigantesque, marqué par une informatisation poussée des processus. Le fait que la mathématique financière va infuser lourdement dans le domaine bancaire modifiera aussi la substance du contrôle financier.

– La crise n'est-elle pas liée à un désengagement des États de la sphère financière ?

Les pouvoirs étatiques n'ont jamais quitté le secteur bancaire, mais ils ont substitué un contrôle régulateur à un contrôle réglementaire. L'introduction des normes comptables IFRS et des accords de Bâle en sont de parfaites illustrations.

La vraie question concerne donc le champ du contrôle régulateur. Des risques financiers, traditionnellement de nature bancaire, ont été externalisés hors du champ des établissements de crédit. À mon sens, ce n'est donc pas l'autorégulation, mais son champ sectoriel et géographique qui doit être représisé afin de le rendre compatible avec la fluidité du capital et la protection de l'épargne publique. C'est pour cela qu'il ne faut pas se méprendre sur le sens du refinancement public de certaines banques : les États ont assumé leur rôle, mais cela ne signifie aucunement un retour au dirigisme idéologique ou au planisme économique. L'important est désormais de ne pas asphyxier le système.

Bannir les instruments financiers dérivés?

– Certains revendiquent de revenir à des instruments financiers plus simples et préconisent donc l'abandon des produits dérivés.

C'est un débat infondé, car les innovations financières répondent à des besoins de l'économie réelle. L'évolution des pratiques financières s'inscrit dans le mouvement mondial consistant à rechercher, au travers des instruments financiers, des outils de gestion adaptés à des objectifs particuliers. De nouveaux instruments, commercialisés de manière confidentielle dans les années 1970, par les établissements de crédit auprès d'entreprises financières initiées, ont progressivement été qualifiés d'instruments financiers dérivés. Leur utilisation est désormais facilitée grâce à des marchés boursiers organisés et des améliorations technologiques.

Les instruments financiers dérivés les plus courants répondent aux exigences des gestionnaires de trésorerie de mieux appréhender trois risques associés à la gestion financière : le risque de variation des taux d'intérêt, le risque de fluctuation des cours des devises étrangères et le risque de modification de la valeur des actions, du prix des matières premières ou de tout autre actif (ce qu'on qualifie souvent de risque de marché). L'utilisation de ces instruments permet de transférer un risque à une tierce partie.

Ces contrats, souvent bilatéraux, présentent la caractéristique de baser (ou de «dériver») leur mode de fonctionnement sur la structure d'actifs ou de paramètres financiers plus classiques, appelés actifs ou valeurs ou encore paramètres sous-jacents. Ces derniers sont des devises, des actions, des taux d'intérêt, des indices boursiers, des matières premières, etc. Dans le cas des instruments optionnels, l'actif sous-jacent constitue l'élément aléatoire de l'instrument financier dérivé, parce que sa valeur future est inconnue au moment de la conclusion du contrat.

Aucune restriction ne s'applique théoriquement en termes de sélection de la valeur sous-jacente, car les techniques financières modernes, principalement mises en œuvre au sein de marchés boursiers organisés, ne subordonnent plus le dénouement du contrat à la livraison physique éventuelle de l'actif sous-jacent, mais autorisent un règlement net en numéraire, qualifié de *cash settlement* dans la terminologie financière anglo-saxonne. Un instrument financier dérivé peut lui-même constituer l'actif financier sous-jacent d'un autre instrument financier considéré comme plus sophistiqué.

– Il semble indéniable que ces instruments présentent des risques accrus.

L'utilisation d'instruments financiers dérivés dans la perspective de répondre à des risques ne signifie pas que ces instruments, appréhendés isolément, soient eux-mêmes exempts de risques. Ces derniers ne sont toutefois pas différents de ceux associés aux opérations financières classiques : risques de crédit, de marché, de taux d'intérêt, de cours de change, de liquidité, risques opérationnels, comptables et juridiques, etc.

– Qu'en est-il du risque de modélisation financière ?

Le manque de stabilisation mathématique de certains instruments financiers et/ou leur évaluation dans des contextes extrêmes n'ont pas été suffisamment étudiés, c'est une évidence. Leur notation de crédit ou leur négociabilité s'est parfois substituée à une connaissance approfondie de ces instruments. Comme je l'ai déjà souligné, c'est une situation qui devra être étudiée et corrigée. Mais, dans le domaine de la finance, qui est fondée sur la modélisation de la volatilité, il est vain d'exiger l'absence de risques. N'oublions pas que le prix explore l'utilité future des biens dont elle mesure la valeur transactionnelle. Cette crise va certainement relancer des démarches de recherches académiques et de meilleures connexions entre les sphères universitaire et financière.

L'inflation bilantaire des établissements de crédit

– Si le gouvernement américain n'avait pas lâché Lehman Brothers, la confiance au sein du système bancaire se serait-elle rompue ?

Avec le recul, il est facile d'imaginer d'autres cheminements possibles. Les gouvernements ont dû fournir des réponses inductives et empiriques à des problèmes inconnus. En sacrifiant Lehman Brothers (ce qui, soit dit en passant, répond à la logique anglo-saxonne de non-intervention de l'État dans la sphère économique), les autorités américaines se sont imaginé qu'elles allaient provoquer un électrochoc et faire prendre conscience aux autres banques qu'elles devaient continuer à s'entraider. C'est l'effet inverse qui s'est produit. Si, aujourd'hui, certains regrettent cette décision, il faut se replacer dans le contexte du moment, caractérisé par un niveau aigu d'incertitudes.

Si Lehman est tombée, c'est aussi parce que des erreurs de gestion prudentielle avaient été commises au sein de cet établissement. Les auditions publiques organisées par le pouvoir législatif américain sont, à cet égard, très révélatrices. On y parle de failles de contrôle prudentiel, de manque de transparence, de complaisance organisationnelle et de mauvaise perception du risque du crédit.

Il faut aussi rappeler que Lehman Brothers n'était pas une banque de dépôts traditionnelle. Ceci souligne d'ailleurs un phénomène singulier, occulté par la fluidité des réalités financières : celui de la désintermédiation bancaire.

– En quoi consiste le désintermédiation bancaire ?

Depuis une quinzaine d'années, les marchés monétaires et financiers ont subi des mutations structurelles entraînées par la déréglementation et par la déspécialisation des institutions financières. La déréglementation a consisté à assouplir progressivement le cadre législatif et réglementaire qui limitait les activités des secteurs bancaires et des assurances. La déspécialisation a, quant à elle, entraîné une porosité et une osmose croissantes entre les activités des différentes entreprises financières, en particulier les établissements de crédit et les entreprises d'assurances.

La désintermédiation est une évolution complémentaire qui a transformé le paysage financier européen. Celle-ci peut être appréhendée comme une diminution des flux de trésorerie transitant par la gestion bilantaire des établissements de crédit. Ce phénomène a été amplifié par le décloisonnement des marchés européens en matière d'offres de services et de prestations financières, ainsi que par la convergence des politiques monétaires. Les établissements de crédit n'ont plus le privilège de l'intermédiation des flux financiers, car de nombreux opérateurs se sont insérés dans le circuit : fonds, émetteurs de produits titrisés, etc. Ces opérateurs sont des quasi-banques, mais ils échappent au contrôle prudentiel traditionnel.

– Question purement rhétorique : faut-il sauver un établissement de crédit défaillant ?

C'est bel et bien le rôle des autorités publiques, surtout dans le cas des banques de détail. L'État est souvent le seul capable d'offrir sa qualité de crédit pour assurer un comblement de passif pérenne et crédible. C'est d'ailleurs pour cette raison que les systèmes de garantie des dépôts, dont l'insuffisance est patente en cas d'ébranlement systémique, sont gérés par les autorités publiques. La réponse est donc claire : il faut sauver un établissement de crédit afin de protéger les déposants.

– Pourquoi le crédit interbancaire joue-t-il un rôle prédominant ?

Quand on compare les bilans bancaires d'aujourd'hui avec ceux d'il y a vingt ans, on constate que les établissements de crédit ont progressivement dilué l'adéquation entre les dépôts des particuliers et des entreprises, d'une part, et les crédits à ces mêmes entités, d'autre part. Au fur et à mesure que les liquidités se sont engorgées dans le circuit économique, augmentant de ce fait les financements possibles entre banques, on a assisté à un phénomène d'inflation bilantaire : quand un établissement de crédit n'avait pas de dépôts suffisants pour acheter certains actifs, il empruntait auprès d'une autre banque.

Cette évolution n'est en aucune manière critiquable, car elle relève d'une saine gestion financière au travers d'une fragmentation des risques. Cela a néanmoins créé un effet de levier dans le système bancaire, principalement au cours des dix dernières années. Cet effet de levier a été alimenté par l'internationalisation du crédit interbancaire et des instruments de gestion du risque de taux d'intérêt, comme les swaps. Ces instruments sont indispensables, pour autant qu'ils correspondent à la réalité stratégique et géographique des établissements de crédit qui les utilisent.

La plupart des économistes doivent confesser qu'ils n'ont pas pris la mesure réelle du danger, partant de l'idée que le financement interbancaire ne se tarirait jamais. Or, on a bien dû constater le contraire, tandis que les dépôts de la clientèle, eux, ne se sont pas asséchés. Mon intuition me dit que certaines banques européennes sont devenues trop importantes par rapport à la capacité d'épargne des particuliers locaux, mais elles ont vécu dans une sorte de lévitation, considérant que le crédit interbancaire était la solution à tous leurs problèmes.

Ce qui sera à l'étude, désormais, c'est le modèle de la banque transnationale non intégrée, c'est-à-dire qui reflète uniquement une juxtaposition d'institutions financières sans intégration opérationnelle. De manière simplifiée, la disponibilité du financement interbancaire, conjuguée à un coût du crédit marginal, a masqué la nécessité des intégrations opérationnelles au sein des groupes financiers internationaux. Un des aspects de cette intégration est la gestion des risques, souvent insuffisamment centralisée et donc contrôlée.

Ceci étant, il importe de garder une grande humilité dans l'appréciation des phénomènes économiques. Aucun économiste n'avait prévu l'entrée dans des zones de danger, mais tous préconisent aujourd'hui le remède à administrer. Ils illustrent le sophisme *Post hoc ergo propter hoc*, qui consiste à confondre un antécédent avec une cause.

Vers les accords de Bâle III?

– La crise financière soulève la question du montant des fonds propres nécessaires à l'activité bancaire.

Les établissements de crédit doivent avoir des fonds propres suffisants pour éviter que les épargnants, dont les avoirs mis en dépôt ne sont pas diversifiés par essence, soient impactés négativement en cas de crise majeure. Celui qui dépose son argent dans un établissement de crédit n'opère pas de diversification alors qu'en bourse, il peut acheter des produits diversifiés comme les organismes de placement collectif (SICAV, fonds communs de placement). Les valorisations boursières reflètent, du reste, la rémunération d'un risque censé être diversifié.

C'est à la banque d'opérer ce mouvement de diversification au travers des crédits qu'elle octroie. Les *subprimes* et, de manière générale, les actifs résultant de la titrisation se sont inscrits naturellement dans ce processus, tant pour les institutions qui ont titrisé que pour celles qui ont acquis les actifs titrisés.

L'absence de diversification des déposants bancaires justifie le fait que les établissements de crédit fassent l'objet d'une régulation encore plus contraignante que les marchés boursiers. La perception du risque de crédit a été prise en compte par les accords de Bâle (1988) qui, pour rappel, fixent des normes de gestion bilantaire dans le secteur bancaire. Ils imposent notamment aux institutions financières des fonds propres minimaux correspondant à un certain pourcentage des crédits octroyés. Les accords de 1988 ont été améliorés en deux temps : par l'adjonction du risque de marché en 1996 et par l'adjonction du risque opérationnel en 2008.

– En quoi consistent les accords de Bâle ?

Le Comité de Bâle sur le contrôle prudentiel bancaire fut fondé à la fin de l'année 1974 par les gouverneurs des Banques centrales des pays du G-10. Il est l'un des Comités établis au sein de la Banque des Règlements Internationaux. Sa fonction est d'assurer la coopération internationale dans les matières liées au contrôle prudentiel bancaire, lequel peut être défini comme l'ensemble des règles qu'une institution doit respecter lorsqu'elle s'engage dans des activités bancaires.

En juillet 1988, le Comité de Bâle publia le texte qu'on appelle communément les accords de Bâle I ou, plus simplement, Bâle I. Les standards prescrits dans ce document concernent presque exclusivement le risque de crédit.

En 1996, Bâle I fut amendé pour tenir compte des risques de marché. L'objectif principal de cette réforme était de renforcer la pérennité du système bancaire international, tout en s'assurant que la mesure des exigences en fonds propres ne devienne pas une source d'inégalité compétitive entre les grands établissements bancaires internationaux. Un des grands bénéfices des accords de Bâle II est qu'ils encouragent une gestion des risques plus sophistiquée de la part des établissements, en instaurant des exigences de fonds propres plus sensibles aux risques auxquels ils sont exposés.

Plusieurs éléments-clés des accords de 1988 restent d'application, comme l'obligation de maintenir un ratio de solvabilité de 8% minimum, la définition des fonds propres éligibles et la structure et du futur amendement de 1996 sur la mesure des risques de marché. Les principales innovations des accords de Bâle II sont l'introduction d'exigences de fonds propres pour la couverture du risque opérationnel, la possibilité d'utiliser des modèles internes pour la mesure du risque de crédit, ainsi que l'introduction d'un deuxième pilier définissant les principes de base de la surveillance prudentielle et d'un troisième pilier favorisant la mise en place d'une discipline de marché.

– Comment s'articulent les accords de Bâle en matière de surveillance prudentielle ?

Quatre grands principes cimentent une surveillance efficace, se basant sur les meilleures pratiques du marché.

Suivant le premier principe, les établissements bancaires devraient disposer d'une procédure permettant d'évaluer l'adéquation globale de leurs fonds propres avec leur profil de risque, ainsi que d'une stratégie permettant de maintenir leur niveau de fonds propres.

Le deuxième principe stipule que les autorités de contrôle prudentiel doivent examiner et évaluer les mécanismes internes d'appréciation du niveau de fonds propres et la stratégie des établissements bancaires à cet égard, de même que leur capacité à surveiller et garantir le respect des ratios de fonds propres réglementaires.

Ce deuxième principe prend toute sa signification dans le cadre de la crise des *subprimes*. Le Comité de Bâle demande, en effet, aux autorités de tutelle de superviser la qualité de la gestion du risque et du contrôle interne de l'établissement bancaire par le biais d'inspections, d'analyses sur pièces, d'entretiens, d'examens des travaux d'auditeurs ou de consultants externes et de notifications périodiques. Cette supervision porte, entre autres, sur l'adéquation de l'évaluation du risque, et sur l'adéquation correspondante des fonds propres. En plus de s'assurer une adéquation entre niveaux de fonds propres et cadre opérationnel courant et un suivi de ce niveau par la direction générale, les autorités de contrôle prudentiel doivent également analyser les techniques et les simulations de crise utilisées par l'établissement bancaire pour prendre en compte les événements imprévus.

Le troisième principe précise que les autorités devraient attendre des établissements bancaires qu'ils maintiennent des fonds propres supérieurs aux ratios réglementaires et devraient pouvoir exiger qu'ils détiennent des fonds propres au-delà des montants minimaux.

Enfin, le quatrième principe, dont les autorités de contrôle prudentiel se sont d'ailleurs prévalues, est que ces dernières doivent s'efforcer d'intervenir rapidement afin d'empêcher que les fonds propres ne deviennent inférieurs aux niveaux minimaux.

– Quelles leçons faut-il tirer de la crise dans la perspective des accords de Bâle ?

Sans cynisme, on peut avancer que la crise a apporté la réponse correcte à une question imprévue, à savoir le calibrage des fonds propres bancaires en cas de choc planétaire. D'autres améliorations prendront vraisemblablement corps dans ce que seront, peut-être, les accords de Bâle III : renforcement des compétences dans les établissements bancaires, tests de situations extrêmes plus sévères, meilleure supervision des accords de liquidité. Nous y reviendrons dans la dernière partie de ce dialogue.

Les normes IAS/IFRS interpellées ou remises en question?

– Au paroxysme de la crise des subprimes, des voix se sont élevées pour contester l'application des normes comptables IAS/IFRS aux entreprises financières.

Ces normes, d'application depuis 2005, prescrivent de valoriser certains instruments financiers à leur juste valeur, c'est-à-dire, dans la plupart des cas, à leur valeur de marché. L'application de cette règle entraîne la reconnaissance en compte de résultats des bénéfices et pertes latents (non réalisés). En d'autres termes, la règle de la juste valeur conduit à comptabiliser des bénéfices et pertes résultant des changements de valeur des instruments financiers, indépendamment du fait qu'ils soient, ou non, vendus par les entreprises concernées.

La crise des *subprimes* aura testé deux dispositifs financiers applicables aux établissements bancaires européens : les normes IAS/IFRS et les accords de Bâle. À première vue, ces deux dispositifs sont antagonistes car les normes IAS/IFRS s'adressent principalement aux actionnaires, tandis que les accords de Bâle visent à protéger les déposants.

Pourtant, il y a un point commun, que je qualifierais de focal, entre ces deux contraintes, à savoir la mesure des fonds propres : les normes IAS/IFRS visent à mesurer dynamiquement les fonds propres comptables et les accords de Bâle exigent qu'ils soient suffisants.

Les deux référentiels sont d'ailleurs intimement liés : si un établissement de crédit subit une perte importante, cela diminue ses fonds propres (selon les normes IAS/IFRS) et contracte mécaniquement le volume des crédits qu'il peut octroyer (selon les accords de Bâle). Faute d'alléger ses encours de crédits, la banque affectée n'a d'autre choix que de procéder à une recapitalisation.

– Par quel mécanisme les normes IFRS auraient-elles alimenté la crise financière ?

Les frictions entre la comptabilité et la stabilité financière ne sont pas nouvelles. Dans ses fondements, la règle de la juste valeur n'est d'ailleurs plus contestée. Par contre, ce qui suscite un malaise, c'est son mode de détermination. Quand un instrument financier est négocié sur un marché, les normes IFRS postulent que la valeur de marché est supérieure à toute autre évaluation.

Or, pendant la crise des *subprimes*, les marchés financiers ont subi un assèchement de liquidités, qui a parfois conduit à l'absence de prix de marché ou à des valeurs fortement décotées. Confrontées à cette situation, plusieurs entreprises financières ont dû reconnaître des pertes induites par ce manque de liquidités, dont elles ont blâmé les effets de volatilité. Les règles comptables auraient alors agi comme un phénomène physique de résonance, c'est-à-dire d'amplification.

L'application de la juste valeur aux actifs illiquides est indéniablement une problématique très sérieuse. La difficulté, c'est que la comptabilité n'a d'autre but que de recenser et d'évaluer les actifs et passifs d'une entreprise. Dans cette perspective, elle se situe en aval de l'événement économique. Elle ne peut pas, en bonne logique, contribuer au résultat de l'entreprise qu'elle est censée évaluer. Ce n'est donc pas la comptabilité qui a entraîné des pertes, mais l'événement économique qu'elle est chargée de mesurer. *A contrario*, si cela avait été le cas, des règles comptables différentes auraient été capables de générer des gains, ce qui aurait également été en contradiction avec le rôle transcriptif de la comptabilité.

Il y a d'ailleurs un phénomène qui confirme l'absence de rôle de la comptabilité en termes de création de valeur : l'introduction des normes IFRS n'a aucunement influencé la notation de crédit (ou, en d'autres termes, la mesure de la solvabilité) des sociétés cotées. C'est révélateur du fait que le cadre comptable n'a pas eu d'influence sur la réalité économique intrinsèque d'une entreprise.

De surcroît, dans de nombreux cas, le manque de négociabilité des instruments financiers a été lié à leur complexité intrinsèque. Cette sophistication mathématique a conduit aux phénomènes d'illiquidité que la comptabilité a dû retranscrire. Et, à nouveau, il aurait été illogique de demander aux règles comptables de rectifier un déficit de liquidité entraîné par la complication des instruments financiers dont elles sont censées mesurer, *a posteriori*, la valeur.

– L'abandon de la juste valeur en cas d'évaporation de la liquidité conduirait à attribuer à la direction comptable un pouvoir d'évaluation des instruments financiers supérieur à celui des marchés.

Si les marchés financiers considèrent, dans leur globalité, qu'un actif doit être décoté, et que cette décote conduit à l'absence de prix de transactions acceptables, comment une entreprise pourrait-elle avancer qu'elle dispose d'un meilleur pouvoir d'évaluation, surtout si elle ne dispose pas des modèles adéquats ? L'adaptation des règles comptables en cas de marché illiquide conduirait à substituer un risque de modèle à un risque de marché. C'est d'ailleurs la principale faiblesse d'une proposition rédigée par différents théoriciens comptables et qui préconise de basculer d'une évaluation à la juste valeur vers une évaluation sur la base de modèles pendant les périodes de crise. À mon intuition, la crise est plutôt une crise de risques et de modélisations que de normes comptables.

Dans ce type de scénario, comment savoir de manière irréfutable quand un actif devient illiquide ? Et comment distinguer une décote d'illiquidité dans un prix de marché ? Et puis, selon quelle méthode intégrer cette illiquidité dans un modèle, sauf à la nier ou à l'évaluer de manière forfaitaire, c'est-à-dire subjective ? L'abandon de la juste valeur en cas de crise pourrait, au surplus, inquiéter les marchés financiers, au motif que les politiques d'évaluation des actifs financiers deviendraient occultes. Ces questions n'obtiennent pas de réponse définitive.

– Au-delà des critiques portant sur la juste valeur, la comptabilité cristallise un phénomène d'une immense envergure : la diffusion inéluctable du modèle anglo-saxon dans nos communautés.

Le modèle économique anglo-saxon est ambivalent. Il attire par sa modernité et déculpabilise l'individu par rapport à l'enrichissement personnel, mais, dans le même temps, il est effrayant et même suffocant. Dénué de mémoire, il ne s'accommode que de valeurs financières et de sciences exactes. Il ne tolère pas l'immobilisme et est aussi volatil que les cours de bourse qu'il anime.

C'est aussi un modèle qui construit un rapport au temps différent, ce qui explique que nos sociétés, glissant d'un modèle à l'autre, vivent une profonde transition. Contrairement au modèle latin qui capitalise des sommes d'argent, le modèle anglo-saxon actualise des rendements futurs espérés.

L'archétype anglo-saxon ne se démontre que par le futur, quel qu'il soit : il ne valorise les situations que par leur capacité à dégager une utilité financière dans l'avenir. Cette réalité atteint, à des degrés divers, tous les domaines de la vie des affaires : l'organisation des entreprises, le droit des contrats, les relations sociales, la fiscalité, etc.

Dans le domaine comptable, les normes anglo-saxonnes IAS/IFRS s'assemblent inéluctablement pour atteindre leur objectif final, qui est d'améliorer l'efficience des marchés financiers en mesurant la création de valeur actionnariale. Cet objectif sera atteint par un déchiffrage complet de l'entreprise, en renfort d'une transparence exigée par la gouvernance d'entreprise.

Ce référentiel entraîne une rupture de la logique comptable, puisqu'il abandonne un référentiel basé sur des coûts historiques (imaginé en 1978 en Europe) au profit d'une évaluation progressive des actifs et des passifs comptables à leur valeur de marché, avec leur corollaire de volatilité. Mais il ne faut pas s'y tromper : l'évaluation à la valeur de marché n'est pas une simple modalité technique.

Dans les pays anglo-saxons, la comptabilité est destinée à fournir une information continue aux actionnaires. Dans cette perspective, l'évaluation comptable doit se calquer sur l'évolution de la valeur des biens comme des cours de bourse. L'orientation actionnariale des normes IAS/IFRS interpelle donc les bases de notre métrique comptable.

– Lorsque les autorités européennes ont confié à un organisme privé anglo-saxon la rédaction de nouvelles normes, étaient-elles conscientes du changement de modèle qu'elles diffusaient ?

Sous l'angle historique, la comptabilité est née, au XVe siècle, sur la base du capitalisme naissant et de la rationalité mathématique redécouverte de l'Antiquité. De nombreux théoriciens ont d'ailleurs salué l'apport de la comptabilité à l'organisation marchande. Ce n'est donc pas un hasard si les nouvelles normes comptables proviennent des pays réformés, souvent identifiés comme le berceau de l'économie de marché moderne.

Si la comptabilité reflète le pouvoir exercé par un acteur dominant, c'est parce que le modèle actionnarial s'est imposé dans nos économies.

Ces normes comptables s'inscrivent, en particulier, dans le sillage des exigences de gouvernance corporative, c'est-à-dire d'une séparation plus affirmée entre la propriété et le contrôle des entreprises. Et il ne faut jamais l'oublier : dans son acception anglo-saxonne, la gouvernance corporative vise à maximiser la valeur actionnariale de l'entreprise. D'où l'importance, pour les actionnaires, de disposer d'un maximum de transparence sur les informations économiques et financières des entreprises.

– Les règles comptables IAS/IFRS sont-elles pour autant adaptées au secteur financier ?

Dès juillet 2003, les ministres des Finances européens ont signifié à l'IASB (*International Accounting Standards Board*) leurs réticences face à la règle de la juste valeur. Les motivations de cette interpellation, initiée par le secteur bancaire et relayée par certaines autorités de surveillance prudentielle, étaient compréhensibles. Elles sont, entre autres, liées à la complexité de cette réforme comptable, qui se superposait, sans aucune coordination institutionnelle, aux nouvelles dispositions prudentielles en matière de solvabilité de Bâle II.

Cette évolution vers une comptabilité d'actionnaires (alors que les institutions de crédit s'inscrivent typiquement dans un double rôle de débiteur et de créancier) n'est cependant pas le facteur décisif qui a conduit aux exigences d'amendements émanant du secteur bancaire. De nombreuses institutions financières européennes possèdent un champ d'activités multinational qui couvre, entre autres, les pays anglo-saxons. La diversification géographique de leur actionnariat est, de surcroît, recherchée : les principaux groupes bancaires européens sont cotés aux États-Unis.

À l'analyse, le contentieux se situe plutôt dans le fait que les normes comptables IAS/IFRS constituent un référentiel inachevé et donc précaire. Cela conduit à des prescriptions comptables qui amalgament des valeurs et des coûts sur la base de critères qui reflètent la nature comptable des actifs plutôt que leur fonction économique.

Il s'agit donc de savoir si un établissement de crédit doit être appréhendé comptablement comme un actif financier monétisable, dont tous les actifs et passifs sont théoriquement mobilisables, ou si, au contraire, il s'agit d'une institution qui se borne à transformer des échéances. La première vision justifie l'application généralisée de la règle de la juste valeur pour l'évaluation des agrégats comptables (avec certains effets pro-cycliques possibles), tandis que la seconde plaide pour un maintien, ne fût-ce que partiel, de l'évaluation au coût historique.

Les normes comptables IAS/IFRS constituent une avancée vers la recherche d'une meilleure image de la comptabilité, en ce qu'elles rapprochent les résultats comptables et les valeurs de marché. La règle de la juste valeur semble, en effet, un protocole préférable à la restitution des coûts historiques.

Leur inconvénient principal est que leur rigidité d'application est inadaptée au secteur bancaire et aux compagnies d'assurances, et pourrait induire un effet opposé à ce qui est recherché, c'est-à-dire la modification de la gestion des risques de l'entreprise en fonction de la comptabilité. Parce qu'elles tentent de définir un modèle universel, sans prendre en considération certaines modalités sectorielles, les normes comptables IAS/IFRS sont imparfaites et doivent continuer à évoluer.

– La Commission européenne a tout récemment apporté des modifications aux règles de comptabilisation à la juste valeur.

La Commission a effectivement altéré les règles de la comptabilisation à la juste valeur, au paroxysme de la crise, lorsque les États refinançaient les établissements financiers. La comptabilité est ainsi entrée dans une géographie nouvelle, ses règles étant adaptées en fonction des circonstances alors qu'elle est censée fournir une vision neutre et stabilisée des états financiers. L'adaptation comptable consiste à neutraliser l'application de la règle de la juste valeur en cas de situation exceptionnelle de marché.

Les récentes décisions en matière comptable concernent la mise en œuvre d'une convergence accrue entre la norme IAS 39 et la norme FAS 157. Les nouvelles dispositions permettent un recours accru à des modèles et à des reclassifications comptables de rubriques exigeant l'application de la juste valeur vers des rubriques autorisant des valorisations proches du coût historique. Cette démarche n'est pas exempte de risques puisqu'il faudra qu'un consensus se dégage quant à la survenance de situations exceptionnelles et à leur rétablissement. Cela va introduire un facteur d'appréciation systémique dans la comptabilité.

Il conviendra d'examiner, par ailleurs, si la modification des règles comptables ne va pas induire une «décote de scepticisme» dans le cours des actions bancaires, puisque les actionnaires ne comprendront peut-être pas la diversité des politiques comptables des établissements de crédit, disposant eux-mêmes d'une plus grande latitude comptable.

Ceci étant, la démarche de la Commission est parfaitement compréhensible : elle répond à des problèmes d'illiquidité, d'assèchement du crédit, d'entrée dans des zones de modélisation financière inexplorées. Elle vise aussi à éviter que l'ajustement aux prix de marché soit remplacé par un alignement des valeurs sur des modèles insuffisamment éprouvés et testés. Il faudra aussi améliorer la cohérence des normes comptables avec les règles prudentielles, et améliorer la convergence des reférentiels comptables.

– Alors, la comptabilité est-elle quand même coupable ?

S'il est une matière qui polarise la frustration boursière, c'est bien la comptabilité. À chaque rupture de marché (bulle Internet, débâcle d'Enron, crise des *subprimes*), elle est mise à l'index. Encore que ces critiques soient circonstancielles : il y a deux ans, la comptabilité était accusée d'alimenter la volatilité des marchés et les exigences des analystes financiers par des résultats en progression et publiés trop fréquemment.

Aujourd'hui – et particulièrement dans le secteur bancaire – la comptabilité est, au contraire, suspectée d'excès de prudence... sans qu'on reconnaisse toutefois que la publication de résultats trimestriels a soulagé les investisseurs et discipliné la comptabilité des institutions financières. La cyclothymie des critiques démontre bien leur fragilité. Le débat n'est pas clos. Il ne le sera sans doute jamais.

– L'objectif comptable de l'image fidèle est-il donc vain ?

La variété des interprétations de l'exigence d'image fidèle souligne qu'au-delà de la similarité d'objectifs dans des protocoles comptables différents, la comptabilité est autant un système d'information qu'une pratique sociale. La vérité comptable n'est pas arithmétique, mais constitue une représentation conventionnelle, contingente à un contexte socio-économique ou à une réalité sectorielle, et donc un reflet imparfait du réel.

Cette perspective renvoie indirectement à une autre constatation, à savoir que le résultat comptable a une valeur informative dépendante du niveau de maîtrise de la politique comptable de l'entreprise. La pertinence de la comptabilité est donc dissemblable pour ses différents lecteurs. Dès le moment où la comptabilité constitue le point focal de conflits d'intérêts, l'exigence d'une transparence consensuelle et uniforme relève d'un objectif utopique. En effet, le partage de l'information financière et les conflits d'intérêts qui en découlent renvoient aux éventuelles asymétries d'information.

Par ailleurs, la reddition des comptes de l'entreprise ramène à un rapport au temps, c'est-à-dire à l'intervalle de temps qui sépare la survenance d'un fait économique (et son inscription comptable initiale) et le moment auquel la valeur résiduelle de ce fait économique est calculée afin d'être restituée dans les comptes annuels. On retrouve, dans ce rapport au temps, la multiplicité des compréhensions comptables.

En résumé, il n'y a pas de vérité transcendante en matière d'image fidèle, de même qu'il n'y a pas, dans l'absolu, une seule image fidèle à l'exclusion de toute autre. La notion d'image fidèle est indissociable d'un ensemble de règles et de conventions dont il est admis dans le corps social que c'est sur la base de telles règles et conventions que les comptes doivent être établis, lus et interprétés.

Le rôle discret de l'audit

– Les auditeurs, souvent décriés, n'ont pas été cités dans le débat autour des subprimes. *Pourquoi ?*

Ils se sont légitimement protégés en responsabilité professionnelle. La dernière crise de l'audit date des années 2001-2002. Entre l'annonce de la faillite d'Enron, en décembre 2001, et le sabordage de son auditeur, Arthur Andersen, il ne s'est écoulé que quelques mois. Quelques mois au terme desquels les marchés boursiers, partis la fleur au fusil à l'assaut des sommets boursiers, sont devenus vengeurs. Quelques semaines pendant lesquelles les autorités américaines ont brutalement réalisé que la confiance boursière avait été trahie par une poignée de francs-tireurs. Quelques jours qui auront suffi à dynamiter une porte, l'emblème d'Andersen, reproduite à l'identique dans chaque implantation et destinée à symboliser l'ouverture et la transparence.

Arthur Andersen fut-il le coupable désigné par une justice rageuse et expéditive? Sans doute. La firme a été disculpée à titre posthume. Mais elle avait oublié la première règle du métier : un cabinet d'audit met sa renommée en jeu dans chaque expertise comptable.

– La précédente crise boursière aurait donc discipliné la profession.

Je le crois fermement, et c'est la raison pour laquelle les auditeurs sont restés en dehors du débat de la crise des *subprimes*. C'est à marches forcées que les autorités de contrôle ont dû discipliner un métier en déroute. Différents textes furent rapidement promulgués pour aligner le révisorat d'entreprises : loi américaine Sarbanes-Oxley, loi belge du 2 août 2002, code belge de gouvernance corporative, etc. Les pratiques contestables sont devenues marginales. En Belgique, si on excepte l'affaire Lernout & Hauspie, la qualité des méthodes révisorales n'a jamais été prise en défaut.

Les grands réseaux d'audit, restés au nombre de quatre (Deloitte, Ernst & Young, KPMG et PwC) après la disparition d'Andersen, ont pro-activement participé à la réhabilitation de la profession du chiffre. Ils n'avaient pas d'autre choix : la disparition d'Andersen a renforcé une concentration sectorielle, voire un oligopole, qui interpelle les états-majors de la concurrence.

– *En bonne logique d'économie de marché, un oligopole est une architecture suboptimale!*

Un oligopole est usuellement démantelé par une fragmentation forcée d'activités : les autorités de la concurrence exigent la vente de certains agrégats pour éviter les positions dominantes et les cartels. Mais, dans le cas des réseaux d'audit, cette stratégie n'aurait pas été viable. Ces réseaux fondent, en effet, leur existence sur une couverture internationale et multidisciplinaire d'autant plus indispensable que leurs clients mondialisent leurs activités. Un démantèlement ou même un éclatement forcé de ces réseaux mettrait fin à leurs activités et, paradoxalement, renforcerait l'oligopole.

Tant les autorités américaines qu'européennes de la concurrence ont fait face à une situation inextricable. Confrontées à l'impossibilité de fragmenter l'oligopole, elles devaient, dans le même temps, éviter son renforcement si un des quatre réseaux venait à défaillir. Pour trancher le nœud gordien, la Commission européenne a choisi d'éviter le pire, c'est-à-dire une contraction ultérieure du secteur. Dans cette perspective, elle a limité la responsabilité professionnelle des auditeurs en les mettant à l'abri d'une malfaçon comptable. En soi, la limitation de responsabilité ne répond pas à la réalité de l'oligopole et au risque de réputation des réseaux d'audit. Au mieux, elle tempère ces risques. C'était sans doute le choix le plus équilibré.

– *L'approche commerciale des auditeurs est-elle saine?*

Certains la contestent au motif que l'auditeur monétise sa mission légale et perd la spécificité de son expertise. La limitation de responsabilité reporte le risque du privilège réglementaire, à savoir la certification légale des comptes, sur les actionnaires des entreprises auditées.

D'autres, par contre, rappellent que l'économie de marché fonctionne par diffusion des risques, alors que les auditeurs concentrent un risque excessif de notoriété. Dans cette optique, une responsabilité illimitée pourrait conduire les entreprises de moindre discipline comptable à se faire contrôler par le cabinet le plus robuste, c'est-à-dire envers lequel de profitables recours pourraient être exercés. *A contrario*, la limitation de la responsabilité permettrait d'éviter la concentration de mauvais risques auprès d'un cabinet particulier. Elle astreindrait aussi les réseaux d'audit à une stricte déontologie, puisque leur prime d'assurance serait en rapport avec l'autodiscipline qu'ils s'imposent.

– En fait, la question qui se pose est de savoir quel est l'actif résiduel des cabinets d'audit si leur responsabilité professionnelle est limitée.

Oui, et c'est d'ailleurs la même question qui se pose pour les agences de notation de crédit. Ces dernières formulent une appréciation, censée être neutre et faire autorité, au sujet de la solvabilité des entreprises qui les nomment et avec lesquelles elles entretiennent une relation commerciale. Cette situation est incontestablement fragile, sans être pour autant incestueuse. Dans le chef des auditeurs comme dans celui des agences de notation, cet actif résiduel est donc leur expertise.

Le meilleur contrôle d'un acteur privé dont le produit ou le service est utilisé comme un bien collectif n'est pas la réglementation, qui ne fait que reporter le problème à un échelon public, mais la responsabilisation par la réputation que les clients «louent».

La singularité des établissements de crédit belges

– Les établissements de crédit belges ont-ils davantage souffert de la crise que les autres banques européennes?

Les banques belges sont des entreprises extrêmement robustes. Rien ne les prédisposait, plus que d'autres, aux perturbations conjoncturelles qu'elles ont traversées, à l'exception peut-être de Fortis, dont la direction (aujourd'hui bouleversée) a admis la déstabilisation à la suite de l'acquisition d'ABN Amro. Elles ont été touchées avant beaucoup d'autres, mais cette séquence temporelle n'est pas importante, car les secousses auraient tout aussi bien pu se produire quelques jours plus tard. Ces ébranlements n'en sont d'ailleurs pas vraiment : les contraintes de liquidité et de solvabilité n'ont, à aucun moment, été prises en défaut. C'est plutôt un grippage du crédit interbancaire qui est à blâmer. Les banques belges sont toujours présentes, et bien solides !

– Peut-on regretter que la Belgique soit devenue un « nain bancaire », au terme de ses opérations de sauvetage de Fortis et Dexia ?

La Belgique n'est pas devenue un nain bancaire, mais a immergé son système financier dans une économie financière devenue européenne. Il faudra désormais se montrer attentif à deux facteurs : la fragilité des centres de décision (précédemment mise en évidence dans le domaine industriel) et la bonne compréhension du tissu économique local dans les politiques d'octroi de crédits.

– Ceci ramène au concept d'ancrage belge

L'ancrage belge est un sujet qui peut être débattu à l'envi. Une entreprise doit-elle disposer d'un actionnariat national ? La Belgique n'est-elle pas trop petite pour le générer ? Après tout, plus de la moitié du volume traité en Bourse de Bruxelles émane de Londres et les premiers actionnaires non familiaux de la plupart de nos entreprises sont étrangers. Certains argumenteront que les opérations de 1988 (Générale de Belgique), de 1997-1999 (OPA sur la Royale Belge, BBL, PetroFina, etc.) et de 2008 (Fortis et Dexia) étaient inéluctables dans une géographie financière européenne.

La nécessité d'un ancrage belge peut ressembler à un protectionnisme tardif et désuet. Pourtant, ce n'est pas un pur repli géographique. Il est important de garder des leviers de décision au risque de perdre l'influence nationale sur l'allocation des investissements. La

Bourse de Bruxelles est, par exemple, la seule institution nationale et fédérale permettant l'accès au capital à risque public de nos entreprises. Nos écoles de gestion ont, elles aussi, besoin de relais nationaux.

– Les anciens défenseurs de la « grande banque belge » n'avaient-ils pas finalement raison ?

Dans une certaine mesure, je pense que oui. La création d'une grande banque nationale aurait permis de solidifier la base des dépôts des épargnants, qui, comme le disent les vieux banquiers, est le nerf de la guerre et ce qui conditionne véritablement la valeur d'un établissement de crédit en cas de cession.

Le ministre des Finances Philippe Maystadt avait défendu le premier, en 1991, la polarisation des acteurs bancaires autour de la CGER (Caisse Générale d'Épargne et de Retraite) et du Crédit Communal (pilier belge du futur groupe Dexia). L'argument de Philippe Maystadt, mal compris à l'époque, consistait à éviter de dissocier la production des produits financiers de leur distribution. Or, c'est justement l'une des facettes de la crise actuelle : les établissements de crédit européens ont absorbé et distribué des instruments financiers élaborés, pour la plupart, hors de leurs frontières.

Ensuite eurent lieu les tentatives de rapprochement entre la BBL (finalement absorbée par ING) et la Générale de Banque (future Fortis), puis entre Fortis et Dexia. Aucun de ces scénarios n'a pu se concrétiser. D'aucuns disent, d'ailleurs, qu'une telle banque n'aurait pas de sens, au motif qu'il est vain de défendre des attributs nationaux dans une économie globalisée. Dans la logique d'une économie ouverte, nos banques ont effectivement cherché des relais de croissance à l'étranger. Cette perspective est également correcte : l'internationalisation est une stratégie porteuse de croissance et de diversification. Elle ne se justifie cependant que moyennant la réalisation d'économies d'échelles et de synergies opérationnelles que certains ont repoussées.

– Pourrait-on imaginer une résurgence de ce scénario?

Pourquoi pas? Quand les États se dégageront des établissements de crédit – à échéance de deux ou trois ans, selon moi –, ils vendront leurs participations à des actionnaires de référence privés. La véritable consolidation bancaire, suspendue par la crise des *subprimes*, pourrait s'opérer à ce moment-là. C'est d'autant plus important que les États devront se désengager de manière concomitante, au sein d'un pays mais aussi au niveau européen, afin de ne pas créer de distorsions de concurrence. À ce moment, les bourses réglementées, tel Euronext, auront un rôle décisif et utile à jouer dans la récolte de capital à risque. Entre-temps, les pouvoirs publics pourront s'assurer que les banques sont suffisamment stimulées dans l'octroi de crédit et que des mesures favorables au capital à risque seront prises.

– Cette évolution se greffera-t-elle sur des changements de modèles d'entreprises bancaires?

Ces regroupements probables coïncideront avec une formidable révolution informatique au sein du monde bancaire, indispensable pour accroître son efficacité et réduire sa structure de coûts. Les efforts colossaux qui vont être fournis en termes d'efficience opérationnelle et de discipline organisationnelle pourraient modifier complètement le paysage en quelques années seulement : les établissements de crédit vont devenir des structures *low-cost* informatisées. Or, jusqu'ici, le principal obstacle au regroupement de banques en Belgique était la densité du réseau d'agences qu'il aurait fallu rationaliser de manière drastique. Avec le développement progressif d'agences automatisées et de banques par Internet, ce ne sera plus le cas.

Les modifications du modèle de distribution bancaire sont frappantes depuis quelques années : Internet, en particulier, modifie la relation entre une institution financière et son client. Jusqu'il y a peu, la démarche commerciale mise en œuvre par les établissements de crédit consistait à attirer les clients dans les agences. Désormais, l'accès à la clientèle s'organise progressivement selon un mode inverse : ce sont les établissements de crédit qui pénètrent au domicile des particuliers grâce à un vecteur peu onéreux, la ligne téléphonique ou le réseau de télédistribution.

Toutefois la clientèle belge reste relativement traditionnelle, et le rapport entre un banquier et son client relève d'une alchimie complexe, basée sur la confiance et sur une relation *intuitu personae*. L'effet d'enseigne, fondé sur la notoriété et la solidité financière de l'établissement, joue également un rôle non négligeable dans la relation commerciale.

– Dans les différents dossiers bancaires belges, l'intervention de l'État a-t-elle été appropriée ?

Il reviendra à d'autres de trancher cette problématique. À titre exclusivement académique, je suis convaincu que l'État n'aurait pas pu agir autrement et qu'il a donc agi avec clairvoyance et intelligence dans un contexte caractérisé par un manque d'information parfaite.

Quand le système est grippé, il faut qu'un être moral, dont la capacité d'endettement est importante, supplée à l'immobilisme des agents économiques. Keynes a bien développé ce concept : dans certaines situations critiques, le seul agent qui puisse injecter de l'argent, c'est l'État.

Ceci revient à dire que l'État n'aurait pas pu sauver les actionnaires au détriment des créanciers, sauf à faire supporter par tous les contribuables les risques inhérents au capital à risque. Cette politique aurait été inconcevable car elle débouche sur une société financée uniquement par l'endettement. C'aurait été la fin du système capitaliste, c'est-à-dire de la détention par le privé des moyens de production !

– Est-ce l'entrée dans une nouvelle ère de protectionnisme ou de capitalisme d'État ?

Au risque de choquer certains thuriféraires des politiques collectivistes, la véritable leçon de l'année 2008 tient en quelques mots : c'est l'économie marchande et régulée qui est la réalité première de nos communautés, et la sphère politique est subordonnée aux évolutions économiques. Les prises de participation de l'État dans plusieurs banques ne répondent à aucune préoccupation idéologique, mais sont des réponses techniques à des problèmes circonstanciels. La crise doit donc être appréciée sans catastrophisme ni angélisme. Le système est tombé temporairement en panne, mais il ne camoufle pas pour autant une mystification. Personnellement, je suis toujours resté sceptique par rapport au capitalisme d'État, à tout le moins à long terme.

– Y a-t-il une leçon bancaire à tirer ?

Un établissement de crédit de détail est fondé sur la stabilité des comptes des particuliers. L'importance de ces derniers conditionne les possibilités de croissance des institutions. Dans ce cadre, on peut s'interroger : cette capacité d'épargne locale n'était-elle pas insuffisante pour les développements internationaux de certaines banques ?

Cette réalité a d'ailleurs conduit au développement du modèle de bancassurance, qui n'a émergé que dans les pays matures, fortement bancarisés et à capacité d'épargne élevée. La bancassurance a permis de capturer un flux d'épargne des particuliers qui était nécessaire à la stabilité bancaire.

En conséquence, au sein de plusieurs établissements de crédit belges et européens, le crédit interbancaire a servi de substitut à l'épargne domestique. Malheureusement, ce crédit a montré son instabilité dans des situations extrêmes. Ce constat est d'autant plus crucial qu'au sein de certaines banques européennes, le résultat découlant des activités de marché, elles-mêmes financées par du crédit interbancaire, représentait parfois une partie significative des bénéfices.

Chapitre III – **La crise boursière**

L'inévitable parallèle avec 1929

– La crise bancaire est aussi une crise boursière.

Il faut être très nuancé. Une crise de crédit s'est transformée en crise de confiance et subséquemment en crise bancaire. Il n'y a pas eu de crise des bourses. Celles-ci se limitent à permettre la rencontre des acheteurs et vendeurs. Les cours de bourse ont été accablés, mais les bourses ont parfaitement joué leur rôle, sans rupture opérationnelle ou d'assèchement de liquidité.

– En 1929, la crise boursière avait entraîné la crise bancaire, à l'inverse de ce qui se produit en 2008.

Dans les années 1930, c'est parce que les établissements de crédit avaient investi considérablement en actions qu'elles n'ont pas pu rembourser leurs déposants lorsque la bourse s'est effondrée, provoquant ainsi un effet domino dans l'économie. On est aujourd'hui placé dans une polarité inversée : c'est une crise de crédit qui s'est reflétée dans les valorisations boursières. Les bourses ont, du reste, parfaitement fonctionné et ont servi de relais fluides de liquidité à des mécanismes devenus visqueux. Ce n'est donc pas une crise de la bourse !

La crise de 1929 a éclaté dans un monde marqué par de grands déséquilibres monétaires, résultant de décisions politiques malencontreuses prises au sortir de la guerre. À l'époque, la nature de l'économie était aussi très différente, avec une prédominance du secteur agricole, et l'économie de marché était moins développée et diffusée qu'aujourd'hui.

Les autorités monétaires, prisonnières d'un étalon monétaire métallique, ont formulé une réponse inadéquate à la crise : elles ont restreint le crédit, croyant ainsi freiner la spéculation et la chute des cours boursiers. Il en résulta un chômage effrayant et, plus grave, une contraction des flux de commerce et de la production industrielle.

Il aurait fallu faire exactement l'inverse, à savoir injecter des liquidités dans le système. Il faudra attendre pour cela le New Deal de Hoover et Roosevelt. En 2008, il n'y a pas eu d'effet domino au niveau bancaire, c'est-à-dire de chutes bancaires en cascade, ce qui me fait dire que la crise actuelle est moins grave que celle du siècle passé ou, à tout le moins, différente.

Pour bien appréhender la fragilité d'un parallèle avec la crise de 1929, il faut rappeler que l'indice Dow Jones a été créé en 1896. Constitué à l'origine de douze titres représentatifs de l'économie américaine (il en inclut aujourd'hui trente), l'indice débuta à 41 points. Un premier sommet de 381 fut atteint le 3 septembre 1929. Ensuite, un effritement s'amorça. Il prit une tournure inquiétante lorsque, le 28 octobre, l'indice perdit en une séance 38 points (soit 13 %), signalant le début de la Grande Dépression. Le 8 juillet 1932, au plus fort de la crise, le Dow Jones n'en était plus qu'à 41, son niveau de 1896. Il fallut attendre l'après-guerre pour que le marché reprenne du tonus : la barre des 500 fut atteinte en mars 1956, celle des 1 000 en novembre 1972.

– C'est le krach de 1929 qui a conduit à la séparation entre banques de dépôts et banques d'investissement aux États-Unis. Faudra-t-il suivre ce mouvement en Europe ?

Quand ces différentes activités sont regroupées au sein d'une même institution financière, la diversification est profitable pour tous et répond, de manière indirecte, à l'émiettement des risques qui est bénéfique aux déposants. Toutefois, on ne connaît pas le risque réel que prend la banque, les activités s'entremêlant sans transparence suffisante : les dépôts des clients financent les activités de la banque d'investissement et le crédit interbancaire finance les crédits aux entreprises.

Je ne pense pas que l'Europe optera pour une séparation forcée entre banques de dépôts et banques d'investissement, mais toutes devront clarifier les options qu'elles choisissent et les risques qu'elles prennent dans leur objet social. Il est fondamental que les établissements de crédit expliquent clairement leur modèle d'entreprise et, surtout, le niveau de risque qu'ils prennent pour compte de leurs déposants et de leurs actionnaires.

En réalité, la crise va astreindre les conseils d'administration des banques à un exercice de précision et de clarification des modèles d'entreprises : quelles seront les activités mises en œuvre? Avec quel niveau de risque et quelle notation de crédit correspondante? C'est un exercice complexe, qui exige un effort de conceptualisation important. Il sera cependant inévitable.

– L'impact de ces deux krachs sur l'économie est-il différent?

L'impact des deux crises peut paraître semblable, mais les typologies historiques et économiques sont totalement différentes. Le monde des années 30 était replié dans l'autarcie et l'isolationnisme.

Il ne s'agit pas ici d'entreprendre une démarche révisionniste en postulant que la crise de 1929 n'est pas porteuse de leçons. On a justement appris de ce krach ce qu'il ne fallait pas faire, à savoir contracter la liquidité au motif que cela disciplinerait, et même punirait, les acteurs financiers. Contrairement à ce qui fut constaté en 1929, les autorités monétaires ont agi avec célérité et coordination. La qualité et la vitesse de l'information de nos économies sont naturellement des facteurs qui aident à la solution.

Les banques centrales ont démontré le succès d'une politique monétaire proactive. La politique monétaire est l'action par laquelle l'autorité monétaire, en général la banque centrale, agit sur l'offre de monnaie. Les outils de la banque centrale sont l'action sur la liquidité bancaire et le pilotage des taux d'intérêt.

– Quelle serait la référence historique que vous invoqueriez pour qualifier cette crise ?

Il est toujours périlleux de convoquer l'Histoire alors que l'économie explore en permanence l'aléa et réfute les répétitions de scénarios. Mais je choisirai sans conteste les années 1970, encore que, depuis lors, le rôle du pouvoir politique s'est lentement dissous dans l'économie de marché. À l'époque, le système monétaire patiemment construit après la Seconde Guerre mondiale a montré sa finitude. Nixon a décidé de libérer le dollar de sa convertibilité en or, et la devise américaine allait devenir une monnaie flottante, plombée par une dépréciation structurelle. Les trente années de quiétude plane étaient révolues.

Le choc de modèle fut incompréhensible pour les théoriciens habitués à des agrégats conjoncturels stables. Ils furent confrontés à un phénomène inconnu, et d'ailleurs toujours mal défini : la stagflation, c'est-à-dire une inflation importante conjuguée à un chômage qui devenait structurel. Ils commençaient à peine à entendre parler de Milton Friedman, Prix Nobel d'économie en 1976. Pourtant, tous se référaient au modèle keynésien qui, dans sa simplification, recommande à l'État de creuser son déficit budgétaire pour relancer la demande.

Les moralistes de l'époque avaient juxtaposé des solutions conjoncturelles à des glissements structurels. Et aujourd'hui, l'esprit informé ne peut que le regretter, tant les conséquences des années 1970 représentent des occasions manquées. Chez les quadragénaires, ces années renvoient à une insouciance crépusculaire, mais aussi à des aciéries devenues poussiéreuses et désaffectées.

Les années 1970, c'est donc la décennie de la transition, celle de la transformation du secteur manufacturier en une économie de services. Les ingénieurs des usines allaient céder le pas aux financiers. Nos communautés ont vécu une nouvelle transition de modèle trente ans plus tard : la mutation d'une économie de services vers une économie de la connaissance, des ressources intangibles. Le point focal restant, comme dans les années 1970, la transmission et le traitement de l'information.

La septième décennie du XXe siècle restera suspendue entre deux époques. Elle est inaccomplie et presque en apesanteur. Elle ramène à une économie «d'avant», plus tout à fait celle d'après-guerre, mais baignée de couleurs trop ternes pour qu'elles soient modernes. Et finalement, c'est bien le rapport au temps qui s'est irréversiblement modifié dans ces années-là : le temps comme l'économie ne seront plus capitalisés du passé vers le présent, mais actualisés du futur vers le présent.

La leçon à retenir des années 1970 est de ne pas banaliser l'attentisme et la procrastination, car, dans le domaine de l'économie politique, il suffit parfois de peu de temps pour plomber toute une génération. Dans les années 1970-1980, l'indécision politique de l'Europe continentale avait conduit, en vrac, à une inflation stratosphérique, un endettement public périlleux et une perte de compétitivité généralisée. Aujourd'hui comme hier, il faudrait peu de chose pour replacer le pays dans une posture économique offensive. À commencer par un message politique combatif destiné à affronter les réalités concurrentielles. Entre le déni et l'accablement, il y a une troisième voie : celle de l'action décisive qui donnera confiance en l'avenir.

Des marchés sans mémoire

– Étant une construction humaine, la bourse est-elle rationnelle ou, au contraire, irrationnelle ?

Elle est parfaitement rationnelle dans son fonctionnement, mais imprévisible dans son mouvement.

La bourse, c'est le jeu ordonné de millions de libertés d'achat et de vente face à des milliers d'actions concurrentes. C'est une pulsation universelle, un immense mouvement collectif d'adaptation à la diversité mouvante de l'économie. Pour les investisseurs, elle entraîne des images mythiques, car elle polarise les sentiments les plus extrêmes : l'envie et la peur. C'est sans doute la seule institution que l'on rejoint avec l'envie du gain et le frisson des pertes, mais que l'on quitte avec le regret de n'avoir pas été assez patient.

La prédiction des valeurs boursières est tout simplement impossible. Et pour cause : la fonction principale de la bourse est d'explorer l'utilité des biens dans le futur. C'est une machine non pas à remonter, mais à se projeter dans le temps. Cette réalité est irritante pour l'esprit cartésien qui recherche des cycles répétitifs et des schémas prévisibles. Et comme l'incrédulité fait bon ménage avec l'obscurantisme, cela conduit à l'imagerie populaire d'une sphère financière dévoyée, dissociée des vertus rédemptrices de l'économie qualifiée de «réelle».

Il n'y a cependant pas d'économie réelle, opposable à une économie financière ou virtuelle. C'est avant tout une question d'échelle de temps : d'un côté, des transactions économiques révolues et de l'autre, un marché boursier d'anticipations et d'engagements futurs. Lorsqu'on analyse froidement leur formation, les cours découlent d'une mécanique élémentaire : ils résultent de la confrontation d'anticipations contraires portant sur un même nombre de titres achetés et vendus. L'acheteur anticipe une hausse de cours, tandis que le vendeur spécule sur une baisse. Chaque opérateur, par sa contribution à la transaction, anticipe donc une certaine volatilité. Sans volatilité, il n'y aurait tout simplement pas de bourse.

– Le cours est donc, par essence, éphémère.

Il est, en effet, destiné à être contredit à tout moment, puisqu'il reflète la dernière transaction qui, au moment de sa publication, appartient déjà au passé. Mais il y a plus : le cours n'est valable que pour les acheteurs et les vendeurs effectuant la transaction. Pour les acheteurs et vendeurs potentiels, il ne constitue qu'une indication : ceux-là créeront leur cours au moment de la transaction. C'est incidemment la même différence que celle qui prévaut entre une valeur marginale et moyenne.

C'est dans cette perspective que la valeur d'une action procède de l'actualisation des dividendes espérés. Cette actualisation s'effectue à un taux dont la modélisation est, elle aussi, impossible puisqu'elle intègre, selon des pondérations inconnues, l'ensemble des anticipations relatives aux marchés financiers et à l'action concernée.

Au reste, la théorie boursière a bien identifié la marche au hasard des actions, dont les cours sont soumis à des oscillations aléatoires. La leçon de la bourse, qu'on peine paradoxalement à se remémorer, est bien là : les marchés n'ont pas de mémoire. Impossible, dès lors, de déceler et encore moins d'anticiper des phénomènes d'exubérance irrationnelle. Le physicien Isaac Newton, qui venait de perdre 20 000 livres sterling dans un placement financier hasardeux, ne trouva à justifier sa perte qu'en affirmant avec mauvaise foi : «Je peux mesurer le mouvement des corps, mais je ne peux pas mesurer la folie des hommes». Il fut effectivement meilleur physicien qu'économiste…

Psychologie humaine et fluctuations boursières

– Comment l'investisseur appréhende-t-il le risque?

Les actionnaires appauvris maudissent, aujourd'hui, l'infidélité des bourses qui avaient suscité tant de désirs hier et avant-hier. Et s'il n'y a pas d'ambition plus répandue que de devenir riche, rapidement et sans effort, le tassement conjoncturel rappelle aux adeptes de la gestion active de portefeuille qu'ils ne gagnent que rarement de l'argent par rapport à une gestion patrimoniale passive. Ils en perdent, par contre, souvent.

La fin de l'euphorie boursière était annoncée par certains. Quelle alchimie a-t-elle donc conduit à une telle exubérance irrationnelle? La réponse est simple : l'intuition, parfois trompeuse dans ses excès, s'est substituée à une analyse sereine des risques associés à un investissement.

Le risque est probablement un des concepts les plus singuliers à appréhender, tant sa mesure est liée à des facteurs propres au conditionnement émotionnel de chaque individu. Le fataliste adopte une attitude résignée par rapport aux événements qu'il considère comme anxiogènes (et auxquels il attribue probablement un poids excessif), tandis que l'idéaliste élabore une vision paradisiaque du futur en écartant volontairement certains scénarios pessimistes, pourtant objectivement envisageables.

Entre ces deux attitudes, les individus développent, en fonction des circonstances, une appréhension intuitive des risques. Mais, curieusement, la porosité au risque de chaque individu est circonstancielle. Les investisseurs oscillent en permanence entre l'espoir d'un gain et la crainte d'une perte, tout en réajustant ces deux perceptions en fonction des gains et pertes déjà enregistrés.

Il s'agit bien d'une oscillation, parfois de forte amplitude, car rares sont les individus qui cristallisent leurs contraintes d'investissement pendant une longue période. Ceci explique, du reste, le manque d'attrait de la gestion passive pour les épargnants individuels. Malgré ses fondements théoriques et empiriques irréfutables, cette méthode de gestion est peut-être, tout simplement, incompatible avec les mécanismes psychologiques. C'est dans cette perspective que la gestion du risque, mise en œuvre par des investisseurs institutionnels, n'a pas pour objectif de prévoir le futur, mais plutôt de «probabiliser» et de quantifier le poids relatif d'événements attendus au sein d'un éventail de scénarios envisageables.

– Quels sont les facteurs qui biaisent l'appréciation raisonnable des risques dans le chef d'un investisseur individuel?

L'excès de confiance est un trait caractériel commun à tout investisseur, que l'intuition pousse souvent à concentrer ses investissements sur un nombre réduit d'actions, avec l'espoir d'un rendement exceptionnel malgré l'absence de diversification. L'investisseur boursier est souvent son pire ennemi. L'illusion de la connaissance peut conduire à surestimer l'information dont il dispose et débouche parfois sur la «pensée magique» qui caractérise un investisseur convaincu que sa prise de conscience peut influencer les événements. L'insuffisance de diversification est, du reste, symptomatique d'une variabilité de la tolérance au risque. Autant la diversification des risques est souvent négligée, autant elle est recherchée lorsqu'il s'agit de se protéger contre des pertes potentielles. C'est le cas de l'assurance-vie ou de l'assurance habitation.

Dans le même ordre d'idées, un individu peut développer simultanément une aversion au risque lorsque la pérennité de son patrimoine est concernée, et rechercher le risque (souvent à des conditions commerciales défavorables) lors de l'achat d'un ticket de loterie, c'est-à-dire lorsque sa fortune n'est pas significativement affectée.

L'optimisme est heureusement à la base de toute décision d'investissement. Il conduit à négliger, souvent inconsciemment, les risques qui y sont associés et à imaginer que la force de conviction de l'optimisme influence les états futurs de la nature. Il y a aussi, en matière boursière, la «malédiction du gagnant», frappant celui qui s'habitue à gagner de plus en plus d'argent, au prix d'une acceptation déraisonnable de risques.

Les excès de confiance sont souvent liés à l'absence de perspective dans l'étude des phénomènes passés. En d'autres termes, la perception du futur d'un investisseur se calcifie sur quelques événements isolés, sans perspectives globales. Les théories parlent d'anticipations mimétiques rationnelles.

La plupart des investisseurs réfutent le caractère aléatoire du futur. Ils essayent de rationaliser les événements, en plaçant ces derniers dans des répétitions d'événements passés isolés. Cette recherche de séquences répétitives révèle, en réalité, un besoin de sécurité incompatible avec l'humilité qu'il convient d'accepter par rapport aux états du futur.

À titre d'exemple, toute hausse boursière conduit à établir un parallèle, souvent inadéquat, avec l'embellie des cours qui a précédé le krach de 1929. De nombreux investisseurs privilégient l'attentisme à l'action en période de baisse boursière. Tout se passe comme si les événements boursiers entraînaient une tétanisation des investisseurs, ces derniers préférant l'attente d'informations complémentaires à un choix et donc à une prise de risque qu'ils pourraient regretter.

La complaisance est un autre réflexe curieux des investisseurs. Elle conduit à banaliser les risques qui deviennent familiers. À titre d'exemple, la conduite d'une voiture apparaît moins risquée qu'un voyage en avion, alors que la probabilité d'accident avec ce second mode de transport est indubitablement moins élevée.

Les théories de la finance comportementale, qui tentent d'établir des liens entre la psychologie humaine et les fluctuations boursières, ont de beaux jours devant elles. Probablement au détriment d'autres recherches, axées sur l'homogénéité des anticipations des investisseurs.

Bulles à la hausse… et à la baisse

– On invoque souvent le rôle destructeur des bulles boursières.

Depuis la crise des *subprimes*, de nombreuses voix s'élèvent pour s'inquiéter des bulles financières. Chaque accroissement de volatilité s'accompagne de l'intervention de son cortège d'économistes improvisés. En réalité, l'examen économique s'accommode mal des analyses émotives. C'est avec factualité qu'il convient d'appréhender les bulles. Celles-ci concernent non seulement les valeurs financières, mais aussi les biens réels, tels l'immobilier et les matières premières.

La question se pose donc de savoir comment définir ce phénomène auquel une importante littérature académique est consacrée. Les bulles sont d'ailleurs légion : les bulbes de tulipes en 1637, la Compagnie des Indes en 1720, les assignats en 1797, les chemins de fer en 1847, les banques en 1882 puis en 1907, les actions en 1929, les actifs boursiers et immobiliers en 1987, les actions japonaises en 1990 et asiatiques en 1998, l'éclatement de la bulle Internet en 2000, etc.

– Si on séquence les événements, la crise boursière actuelle découle directement de la crise bancaire.

Le grippage du système bancaire a, en effet, d'abord fait basculer les cours des actions bancaires. Cela a induit un phénomène plus sociologique : la déception de l'épargnant entraîne l'amertume du consommateur. C'est celle-ci qui a fait chuter l'ensemble des valeurs boursières, tous secteurs confondus. La paupérisation des valorisations boursières diminue, en effet, l'épargne des particuliers et des entreprises, qui vont adapter leur consommation à la baisse, contractant ainsi la demande.

Parallèlement, le coût du crédit va peut-être augmenter, restreignant l'investissement. Ceci devra néanmoins être vérifié, car ce n'est pas, dans une perspective académique, une évidence obligée.

Par ailleurs, il convient de rappeler que les variations boursières ne correspondent pas aux chutes de l'économie dite réelle. La bourse actualise des évolutions à très long terme que l'économie réelle lisse et adapte dans le temps.

La gestion de la crise occulte un autre phénomène, à savoir le risque inflatoire lié à sa monétisation. La création de monnaie induite par l'injection de liquidités pourrait créer de l'inflation et donc influencer l'économie réelle. D'ailleurs, au terme d'une crise financière, le principal problème macro-économique est l'endettement, souvent résolu par l'inflation, qui transfère un revenu du créancier au débiteur. Mais, dans ce domaine, il convient à nouveau de rester aux aguets : un phénomène récessionnaire peut apaiser les craintes inflationnistes.

– Ces dernières années, les cours boursiers avaient grimpé de manière importante, de même que le volume global des transactions. Pourquoi ?

Parce que les *hedge funds* (ou fonds alternatifs) ont pu s'endetter considérablement, à des conditions très favorables, pour acquérir de gros volumes d'actifs, dont des actions. Ces fonds pèsent, selon le FMI, près de 2 000 milliards de dollars. Nous assistons aujourd'hui à un *de-leverage* – le contraire d'un effet de levier d'endettement – résultant du fait que les *hedge funds* doivent rembourser les établissements de crédit, donc vendre leurs actifs. Après des sommets sans doute exagérés, on plonge donc dans des creux peut-être trop profonds. On parle généralement de bulles à la hausse, mais elles se manifestent également à la baisse.

– Ne dit-on pas que le cours de bourse est le baromètre de l'économie réelle ?

Cette constatation est intuitive : les cours de bourse sont construits de manière dynamique sur la base d'anticipations des résultats des entreprises. Ces anticipations reflètent elles-mêmes un consensus évolutif d'opinions contradictoires. Chaque transaction boursière concrétise l'achat et la vente d'une valeur mobilière, c'est-à-dire la rencontre d'une anticipation de hausse du cours de bourse (pour l'acheteur) et d'une anticipation de baisse de ce même cours de bourse (pour le vendeur).

Ceci revient-il à dire que les marchés boursiers constituent un baromètre fiable de l'économie? La réponse à cette question est négative. Bien qu'étant établis sur la base des résultats attendus des entreprises, les indices boursiers reflètent uniquement le consensus du moment où ils sont calculés, sans caractère prédictif des évolutions conjoncturelles futures. Et puis, il y a un autre phénomène. Les cours boursiers actualisent de manière instantanée des variations à long terme. Leur niveau d'oscillation ne reflète pas les rythmes de l'économie réelle. La volatilité boursière traduit un phénomène d'ajustement d'anticipation, pas la croissance anticipée du Produit National Brut.

– *Comment se forme une bulle boursière?*

Une bulle naît d'une dissociation, momentanée ou non, de la valeur économique fondamentale (restant à définir) d'un actif et de sa valeur boursière. À quoi est-ce dû? C'est évidemment la question fondamentale. Un gonflement rapide des cours est, en effet, rarement attribué à des changements profonds dans la structure de l'actif en question. Les causes seraient plutôt à rechercher dans l'emballement de réactions exacerbées, voire irrationnelles.

Dans cette perspective, le krach qui suit la croissance des cours sanctionnerait les inadéquations passagères de ceux-ci. Encore que cette vision soit réductrice : des écarts de prix par rapport à la valeur fondamentale n'entraînent pas toujours l'emballement des cours. De même, une tendance fortement haussière ne s'achève pas systématiquement par un effondrement brutal des cours.

Mais alors, comment discerner une bulle? Certains théoriciens y associent trois facteurs. Le premier est un choc exogène et le manque de consensus quant à l'importance d'un déploiement économique (développement des chemins de fer au début du XXe siècle, de l'électricité et de l'automobile dans les années 1920, de l'Internet à la fin de la dernière décennie). Ce manque de consensus entraîne une friction qui contribue à augmenter les cours. Le deuxième facteur reflète un accroissement significatif du volume de transactions, c'est-à-dire de la vélocité des actifs. Le troisième facteur – qui est sans doute le plus troublant – est la persistance des bulles même lorsque leur existence est suspectée par les quelques investisseurs suspicieux. La bulle n'éclate que lorsque le nombre d'investisseurs incrédules atteint une masse critique.

– Ce qui est singulier, c'est qu'une bulle se forme plus lentement qu'elle n'éclate.

Effectivement. Au cours des soixante dernières années, neuf des dix plus grandes variations quotidiennes de l'indice américain S&P 500 furent des pertes. En d'autres termes, une bulle se forme sur la pointe des pieds, voire à reculons, mais éclate en courant. C'est d'ailleurs paradoxal : dans de nombreux domaines, les marchés financiers suscitent une incrédulité devant l'enrichissement facile, et offrent un biais au pessimiste. La bulle, au contraire, semble ressortir à l'euphorie, très étrangère au comportement anxiogène des marchés. Après l'euphorie viennent le rejet et la répulsion.

On avance souvent qu'une bulle se forme lorsque des actifs sont achetés dans l'espoir exclusif que d'autres investisseurs subséquents formulent des prix supérieurs. En d'autres termes, on n'achèterait plus un titre sur la base de ses caractéristiques propres et fondamentales, mais plutôt en se fondant sur l'espoir d'une valeur (supérieure) qui serait établie par d'autres investisseurs.

Cet argument est fragile, et ce pour deux raisons. La première est qu'il est impossible d'établir de manière consensuelle la valeur fondamentale d'un titre, puisque c'est justement le rôle d'un marché boursier. La seconde raison est qu'on achète toujours un titre avec l'espoir que sa valeur s'accroîtra, sur la base des transactions réalisées par d'autres investisseurs.

– Les bulles ne sont-elles pas inhérentes à l'évolution boursière ?

À mon intuition, les bulles haussières ou baissières sont effectivement consubstantielles à la formulation des cours boursiers. En renfort de cette hypothèse, on peut avancer que si une bulle se forme, elle met en présence des acheteurs et des vendeurs qui concluent, pour un nombre identique de titres, une transaction. Un marché n'est donc pas uniquement acheteur ou vendeur, puisque la multitude des intervenants formule un prix qui est le meilleur consensus de la valeur. Dans cette perspective, même à un sommet boursier, il y a des acheteurs qui continuent à croire que le cours va encore monter (sinon, ils n'achèteraient pas). Ce qui importe alors, c'est que les protagonistes disposent d'une information adéquate.

En suivant ce raisonnement, on soulève la question du contrôle prudentiel des marchés : les autorités de contrôle prudentiel doivent-elles se borner à contrôler la diffusion de l'information ou, au contraire, aller plus loin et examiner la volatilité des marchés pour la contrôler ?

Si les autorités de contrôle prudentiel étaient capables de discerner la formation d'une bulle, c'est qu'un pouvoir supérieur serait à même de guider l'aléa boursier et de postuler quel serait le bon prix, ou à tout le moins la bonne fourchette de prix, pour un titre particulier. Ceci s'oppose au facteur aléatoire prévalant à la formation des cours et supposerait aussi l'existence d'une macro-régulation capable, par classe d'actifs, d'identifier des balises de prix.

On le voit : il s'agit d'une problématique plutôt complexe. Le président de la *Federal Reserve*, Ben Bernanke, et son prédécesseur, Alan Greenspan, ne partagent d'ailleurs pas la même vision du rôle que les autorités monétaires doivent jouer en matière de bulles. Bernanke, qui appartient à l'École de l'Université de Princeton, est convaincu que la Réserve Fédérale doit intervenir pour prévenir la formation des bulles, tandis que Greenspan, partisan du «laisser-faire» économique, avait une attitude plus laxiste, consistant à laisser les bulles se former, puis éclater.

– Les bulles boursières et l'efficience des marchés sont-elles compatibles ?

Elles sont parfaitement compatibles d'un point de vue académique. Leurs points communs sont les bulles rationnelles, qui peuvent apparaître sur les marchés financiers alors même que les agents ont un comportement rationnel. Très simplement, les opérateurs sont disposés à acheter un actif à un prix supérieur à sa valeur fondamentale dès lors qu'ils s'attendent à pouvoir le revendre plus cher dans le futur. Leur demande alimente alors la montée des cours. Ces bulles rationnelles sont nombreuses et certaines paraissent totalement irréalistes. La littérature tant théorique qu'empirique sur le sujet n'a pas, à ce jour, atteint un consensus sur l'élimination de ces « mauvaises bulles ».

Ce handicap majeur a entraîné une situation paradoxale : l'actualité financière nous abreuve d'épisodes de crises boursières (krach de 1987, crise asiatique, bulle des valeurs technologiques, impact du 11 septembre, crise des *subprimes*, etc.), pour lesquelles chaque analyste propose une explication plus ou moins crédible, alors que l'approche théorique stagne depuis une dizaine d'années, empêtrée dans la multiplicité des solutions d'une équation à anticipations rationnelles.

Traiter sous l'angle d'une formulation unique des marchés financiers différents se révèle probablement hasardeux. Par ailleurs, les contagions entre marchés sont peu analysées en ce qui concerne les bulles rationnelles. Dans le flot des bulles qui s'attaquent à un marché individuel, il se pourrait que certaines ne résistent pas à la globalisation. À l'opposé, la vitesse de transmission de l'information amplifie probablement les bulles les plus robustes. Seule une analyse intégrée des marchés financiers permettrait de modéliser ce type de phénomènes.

Au plan empirique, un message fort se dégage : la remise en cause du *dividend discounted model*, qui échoue à reproduire les niveaux observés de volatilité sur la grande majorité des marchés financiers étudiés. Ce résultat négatif, mais compatible avec l'efficience, mérite l'attention des praticiens, en particulier de ceux qui imaginent que toute déviation par rapport à la valeur fondamentale est de courte durée. Même si toutes les bulles ne sont pas réalistes, il en existe suffisamment qui ne disparaissent jamais totalement pour introduire quelque scepticisme en la matière.

Enfin, si les bulles rationnelles ont ouvert de nouvelles pistes dans l'analyse empirique des cours boursiers, elles conduisent aussi à mettre en question certaines idées reçues, comme l'irrationalité des investisseurs en temps de crise ou l'existence de manipulations systématiques. Ces pseudo-évidences ont parfois été utilisées pour discréditer le système financier dans son ensemble. Certes, les bulles rationnelles ne constituent pas un remède miracle à ce niveau. Elles ont cependant le mérite de fournir un cadre explicatif cohérent avec les fortes fluctuations observées et avec l'efficience de la détermination des cours boursiers.

Loin de remettre en cause la nécessité de la surveillance des marchés, la théorie des bulles rationnelles permet aux régulateurs de mieux appréhender les sources potentielles de la volatilité et, le cas échéant, d'en déduire des règles de «bon fonctionnement» appropriées.

– Quel est le principe des ventes à découvert, tant décriées au motif qu'elles auraient frappé les marchés boursiers à la baisse ?

Le principe de la vente à découvert est de vendre un titre que l'on ne possède pas, anticipant sur la baisse de son cours. Pour le livrer, on emprunte un titre, et quand le cours a baissé, on rachète le titre pour rendre celui qu'on a emprunté. Il faut donc, pour que cette technique spéculative fonctionne, qu'il y ait un marché actif du prêt de titres.

Les ventes à découvert, mises en œuvre en rafale, peuvent accabler un cours de bourse, raison pour laquelle elles ont été interdites, à des degrés divers, par les autorités de contrôle prudentiel. Pour ces autorités, elles ont nourri la crise et même précipité la chute de plusieurs établissements. D'où la décision d'interdire ces pratiques pour apaiser les marchés.

Ceci étant, les avis académiques sont partagés quant au bien-fondé de cette interdiction : certains la trouvent inutile car les ventes à découvert participent à la formation du prix, sachant que pour chaque vendeur de titres, à découvert ou non, il y a un acheteur.

– Certains ont même revendiqué la fermeture des bourses, au plus fort de la crise. Qu'en pensez-vous?

Cela aurait sans doute été une erreur. Le rôle des bourses réglementées est de formuler la valeur et d'assurer la fluidité du capital. Fermer une bourse n'apporte donc aucune solution à des variations de cours que la bourse contribue à formuler sans aucunement y contribuer, puisque l'institution est transitive dans la gestion de la liquidité. La fermeture d'une bourse entraîne, au mieux, un surcroît d'inquiétude et une accumulation d'ordres qui pourraient avoir des difficultés à être négociés, une fois la réouverture des bourses.

– Que faut-il conclure de ces considérations sur les bulles?

Les bulles sont inhérentes et consubstantielles à l'évolution des prix, mais entrent aussi en résonance avec des phénomènes de foules, de comportements émotifs et grégaires, et d'instincts mimétiques. Cela étant, il est hasardeux et vain d'imaginer contrôler la formation des prix sur les marchés financiers. La meilleure leçon en matière de bulles est fournie par un proverbe boursier apocryphe qui rappelle que lorsqu'il y a une ruée sur l'or… il y a plus de ruée que d'or.

La prochaine vague d'OPA

– Alors que de nombreux investisseurs particuliers sont hagards et désorientés, certains banquiers d'affaires anglo-saxons ont déjà chargé la culasse avec la poudre des prochaines OPA. Aucune moralité dans cette histoire!

Le marché boursier a le sens de l'éternel provisoire. Les cours de bourse n'existent que par leur réalité fugace, immédiatement escamotée par une autre transaction. Seul l'aléa fonde la formulation des valorisations boursières. Chaque remontée des indices boursiers est accompagnée par un emballement des transactions de rachats d'entreprises qui alimentent, à leur tour, la hausse boursière. À moins que ce ne soit le contraire, la courbe des OPA épousant alors celle de l'indice boursier. Aucun analyste n'a jamais tranché cette question, car il est difficile de repérer, dans la séquence des faits économiques, une logique interne. Mon intuition est que la volatilité boursière et les opérations de fusions-acquisitions sont deux phénomènes qui s'entretiennent l'un l'autre, plus que l'un ne présuppose l'autre.

En 2006 et 2007, les fusions-acquisitions ont battu de nouveaux records d'activité, soutenus par les fonds levés en *private equity*. En Europe, l'harmonisation monétaire et la disparition des frontières économiques sont les déclencheurs de cette évolution. Mais la fluidité planétaire du capital joue, là aussi, un rôle essentiel : des entreprises géographiquement éloignées sont désormais atteignables. C'est, du reste, ce qui inquiète dans les vagues boursières, devenues depuis peu des déferlantes : elles remettent en question l'ancien schéma de la division du travail et du capital. Elles sont au capital ce que la délocalisation est au travail.

Une nouvelle vague d'OPA pourrait venir alimenter, dans un futur proche, un courant haussier des valorisations boursières.

– Peut-on tirer un bilan financier des fusions et acquisitions de ces dernières années ?

La question de savoir si elles contribuent *in fine* à secréter de la valeur actionnariale fait l'objet de nombreux débats. La réponse n'est pas tranchée pour deux raisons. Tout d'abord, il n'est pas possible de quantifier ce que seraient devenues des entreprises indépendantes sans rapprochement. Ensuite, il est difficile d'extraire le rendement d'une opération de rapprochement d'entreprises du mouvement général boursier qui lui a donné naissance.

À première vue et sur la base d'échantillons limités dans le temps, les fusions-acquisitions conduiraient souvent à une attrition de valeur actionnariale pour l'entreprise acquéreuse. Cette déperdition de valeur trouverait son équivalent dans un transfert de valeur au profit des actionnaires de l'entreprise acquise. Il n'y aurait donc, de manière instantanée, qu'un simple déplacement latéral de patrimoine sans création de valeur.

Dans une perspective macro-économique à long terme, par contre, les fusions-acquisitions sont à l'évidence des transactions de croissance, puisqu'elles fondent l'évolution capitaliste depuis des centaines d'années. Et l'économie de marché, même mal jaugée par les indices boursiers, dégage une croissance de l'économie en termes réels. Les fusions-acquisitions révèlent un processus évolutif qui voit certaines entreprises et certains secteurs disparaître au profit d'entreprises commerciales plus rentables, et ceci pour le bien collectif.

– Une forme de logique darwinienne...

Exactement ! Ces opérations reflètent un cheminement évolutionniste qui voit en permanence l'actionnariat se transformer, selon les forces du marché et les profils de risque des investisseurs. L'économie de marché est fondée sur un émiettement des risques et un phénomène continu de dispersion et de concentration du capital.

Ce n'est rien d'autre que la fameuse « main invisible » esquissée par Adam Smith dans son ouvrage *Théorie des sentiments moraux* (1759). L'économiste écossais postulait que la croissance économique est un processus continu et endogène, qui s'autoalimente. Les opérations de fusions et d'acquisitions ne représentent, dans la plupart des cas, qu'un changement d'actionnariat de référence des entreprises concernées, c'est-à-dire un phénomène discret (discontinu) dans le *continuum* de la modification permanente (évolutionniste) de l'actionnariat individuel associé aux marchés boursiers.

Incidemment, une vision darwinienne de la bourse devrait conduire un investisseur à une large diversification et à un horizon d'investissement suffisamment long, à l'image des pulsations de l'évolution. L'économiste qui a le mieux compris l'oscillation du marché boursier tendant vers un équilibre permanent, et surtout continu, est Léon Walras (1834-1910). Walras avançait qu'une économie s'oriente vers l'équilibre général dans le cadre d'une concurrence pure et parfaite.

Cela a conduit à la théorie du «tâtonnement walrasien», que l'on peut résumer, à l'instar d'un marché boursier, comme un lieu d'échange au sein duquel toutes les offres et toutes les demandes convergent vers un commissaire-priseur qui affiche les prix : le marché est parfait et fournit des informations justes à l'ensemble des acteurs. Dans la perspective de Walras, le marché boursier est une OPA permanente.

Chapitre IV – **À qui la faute?**

Vrais et faux coupables

– Y a-t-il des coupables tout désignés au marasme actuel?

Il est vain et maladroit de tenter de désigner des coupables dans une économie caractérisée par la transitivité des flux et l'interaction de ses protagonistes. Il n'y a pas un coupable ni des coupables, mais un système qui s'ajuste et explore, à tout moment, son propre futur.

Avant d'aborder le cas particulier de la crise des *subprimes*, il faut souligner que la réalité commune des crises financières, aussi loin qu'on puisse remonter dans l'histoire, c'est l'endettement. Ce qui diffère, c'est la manière d'en sortir. Et, dans ce domaine, il existe un florilège de méthodes : inflation, confiscation, expropriation, guerres, etc.

L'anatomie de la crise des *subprimes* relève de ce schéma, encore qu'elle soit particulièrement complexe car de nombreux phénomènes s'y superposent. À l'avant-plan de la crise, on trouve une série d'acteurs qui se sont endettés de manière excessive pour acquérir des actifs trop élevés : cela va des emprunteurs de *subprimes* aux *hedge funds*. Lorsque l'endettement se contracte, tous ces acteurs sont acculés au remboursement.

Dans cette séquence se profilent différents intermédiaires, qui se sont insérés dans cet immense flux monétaire : le courtier qui convainc un client insolvable de souscrire un emprunt hypothécaire, le *trader* qui élabore les produits adossés à des actifs immobiliers, le dirigeant de banque qui les achète pour diversifier ses risques, etc. Dans ce phénomène d'euphorie générale, certains en ont plus bénéficié que d'autres, mais on ne peut pas pointer du doigt un type d'opérateur en particulier.

Chacun s'est inscrit dans cette nouvelle sociologie monétaire et économique, persuadé d'y trouver sa place. Il est important de garder à l'esprit la complexité des chaînes financières. La liquidité et l'efficience de la finance, nécessaires à l'affectation optimale du capital, reposent sur cette complexité.

Certains supputent que la crise financière est liée à l'accélération de la libéralisation économique et à la réduction du champ de contrôle prudentiel des autorités de tutelle au profit d'une réglementation par le marché, fondée sur des contrôles internes et des codes de bonne conduite. Je serai beaucoup plus nuancé, car les crises sont inhérentes au *continuum* économique. La qualité du contrôle prudentiel est incontestable en Belgique.

– Cela revient à dire qu'il n'y a pas de responsabilité individuelle.

Il y a, au premier chef, une énorme préoccupation collective.

Lorsque des personnes sont chargées de la gestion d'actifs collectifs, elles doivent être conscientes des responsabilités qu'elles endossent, tant vis-à-vis de leurs actionnaires que des emprunteurs. Un système en tant que tel ne se moralise pas, mais il convient de responsabiliser chacun de ses acteurs : d'une part, au travers d'une responsabilité civile individuelle, voire pénale, qui soit mieux définie et, d'autre part, au travers d'une plus grande transparence des actes posés. Cette perspective est très importante dans le domaine financier. Les différents acteurs endossent un rôle d'intérêt général : sans crédit ni circulation monétaire, l'économie s'étiole.

Les agences de notation

– Les agences de notation de crédit ont fait l'objet de nombreuses critiques depuis le début de la crise au motif qu'elles n'avaient pas prévu les défaillances de crédit.

C'est un débat extrêmement complexe. Suivant mon intuition académique, les agences de notation de crédit ont globalement travaillé de manière soigneuse, appliquée et rigoureuse. Elles opèrent suivant des modélisations mathématiques et cette méthodologie est incontestable, mais il est évident qu'elles agissent à un moment précis et qu'elles n'ont pas la capacité d'aborder le futur – personne d'autre non plus, du reste. Elles n'échappent donc pas à l'aléa de leurs analyses.

Certains suggèrent la mise en place d'une structure de contrôle prudentiel chapeautant les agences de notation, au motif, notamment, qu'elles opèrent en situation de duopole. Si cet organisme supérieur se révélait capable de donner une autre notation que les agences, au départ de modèles mathématiques qu'on suppose plus évolués, pourquoi les agences ne les utiliseraient-elles pas directement?

Dans un tel schéma, ce serait également contre la structure de contrôle qu'un recours devrait s'exercer en cas d'erreur d'appréciation des agences de notation de crédit. Cela n'a aucun sens. Il est préférable d'imposer aux agences de notation une méthodologie plus transparente vis-à-vis des tiers, avec la publication de *best practices* partagées et parfaitement comprises et diffusées.

– Certains ont quand même suspecté les agences de notation de conflits d'intérêts.

Les agences de notation sont rémunérées par les entreprises dont elles doivent évaluer la surface financière et la capacité d'honorer leurs obligations. Dans cette perspective, il y a un conflit d'intérêts inhérent, mais qui est, comme pour les auditeurs externes, compensé par la nécessité de maintenir la réputation des services fournis par les agences de notation.

Il est vrai que les agences de notation auraient, dans certaines situations, indiqué à des débiteurs comment améliorer leur notation. Si cette démarche est avérée, elle devrait être bannie, les agences de notation devant être confinées à l'évaluation du risque de crédit plutôt qu'à son amélioration. Mais, ici encore, la réflexion devra précéder la mise en œuvre de mesures éventuelles.

En tout état de cause, la Commission Européenne a élaboré différentes propositions destinées à améliorer le fonctionnement des entreprises de notation : procédure d'enregistrement, publication des systèmes et méthodes de notation, rédaction d'un rapport de transparence, soumission à des règles de contrôle interne, nomination d'administrateurs indépendants et interdiction d'inciter leurs clients à mettre au point des instruments financiers risqués. Encore faudra-t-il, parce que c'est la question essentielle, que les agences de notations gardent leur liberté d'opinion.

La notation de crédit n'est pas une activité commerciale anodine. Elle s'inscrit dans les exigences de la protection de l'épargne publique. La fiabilité de l'information comptable est donc un bien collectif. Les agences de notation restent, en même temps, les protagonistes d'une relation commerciale. Faut-il, dès lors, laisser à un acteur privé la responsabilité de sa propre régulation? À l'intuition, le renforcement des sanctions à l'encontre des agences de notation n'aurait que peu d'intérêt, car la fragilité de certains opérateurs n'est pas à rechercher dans des actes malveillants intentionnels.

Les analystes financiers

– Que penser du rôle des analystes financiers?

Depuis quelques années, le critère d'appréciation de la performance des entreprises s'est modifié. Ce n'est plus, aujourd'hui, la capacité bénéficiaire courante des entreprises cotées qui consacre le bien-fondé d'une stratégie. C'est le cours de bourse, censé représenter le consensus de l'appréciation des investisseurs, qui mesure la pertinence des choix d'investissement.

Cette évolution concrétise une modification fondamentale : ce ne sont plus les flux financiers actuels générés par l'entreprise, mais l'anticipation de la capacité bénéficiaire qui mesure la performance.

Pour certaines entreprises, le rendement boursier n'est plus la variable résiduelle de la mise en œuvre d'une stratégie d'entreprise. Elle en est devenue le vecteur décisionnel. Et le cours de bourse, c'est-à-dire la mesure du patrimoine des actionnaires, constitue une mesure instantanée des choix des dirigeants d'entreprise, nommés, il est vrai, directement ou indirectement par ces mêmes actionnaires réunis annuellement au sein d'une assemblée générale.

– Cette exigence de communication n'a-t-elle pas engendré des dérives ?

Je reformulerai votre question de la manière suivante : certains dirigeants d'entreprise n'ont-ils pas sacrifié la défense argumentée d'une stratégie, dont la pertinence doit s'apprécier sur plusieurs années, au jugement parfois évanescent et souvent émotif de certains analystes financiers ?

Sous la pression des analystes financiers, considérés à tort comme les prophètes des marchés boursiers, des entreprises n'ont-elles pas, occasionnellement, privilégié les performances immédiates au détriment de stratégies plus avantageuses, mais aux effets plus lointains ? Des décisions urgentes n'ont-elles pas, parfois, été pilotées par les signaux d'achat et de vente envoyés par des analystes financiers ?

Qui a, par exemple, assigné des objectifs insensés en matière de taux de croissance et de rendement sur fonds propres aux entreprises cotées ? Les analystes financiers, tombés sous le charme des perspectives bénéficiaires démesurées annoncées par les entreprises ou les dirigeants d'entreprise eux-mêmes, moralement obligés de satisfaire au climat ambiant de croissance à deux chiffres apparemment exigée par les fameux fonds de pension anglo-saxons?

Dans des économies caractérisées par des taux de croissance nominaux de l'ordre de 4% à 6%, était-il raisonnable d'affirmer la pérennité de taux de croissance et de rendements sur fonds propres avant impôts supérieurs à 20%? Un taux de croissance annuel soutenu de 15% conduit à doubler l'enrichissement des actionnaires en moins de cinq ans. Est-ce une vision sereine de l'économie à long terme? Certainement pas. Parce que, même en tablant sur les gains de productivité, une croissance soutenue exige le respect de conditions concurrentielles rares (une activité de niche, par exemple) ou des avantages concurrentiels par essence temporaires dans une économie de marché.

La poursuite d'objectifs de croissance exagérés, si tant est qu'elle soit mathématiquement argumentée, conduirait d'ailleurs à l'émergence d'entreprises de telles tailles qu'une fois devenues des acteurs dominants, leurs taux de croissance se rapprocheraient immanquablement du taux de croissance plus faible de l'ensemble de l'économie.

En ces périodes d'incertitude, il est donc essentiel que les dirigeants d'entreprise relèvent le gant de la communication financière et réduisent l'asymétrie d'information, ou plutôt le prisme déformant de certains analystes financiers, quant à leurs perspectives d'activités et de résultats. L'économie productive ne peut en aucun cas être affectée par la même émotivité que les marchés financiers.

Ces dirigeants d'entreprise sont les mieux informés sur les potentialités, les risques et les perspectives bénéficiaires de leurs sociétés. Ils sont les mieux placés pour aborder les préoccupations des investisseurs. C'est, à mon avis, la seule démarche qui redonnera confiance à des marchés boursiers indécis.

Il est important aussi qu'ils s'efforcent de fournir des prévisions de résultats portant sur plusieurs années, même entachées d'incertitudes. L'horizon de prévision des analystes financiers dépasse rarement un trimestre. Le cycle de développement stratégique des entreprises excède, quant à lui, plusieurs années avec, au terme de cet horizon, peut-être de nouveaux actionnaires, mais certainement d'autres analystes financiers.

Les actionnaires en transit

– Faut-il pénaliser les spéculateurs à court terme?

Des membres du G-20 aux gouverneurs des banques centrales, il ne se passe pas un jour sans qu'un régulateur exige légitimement un meilleur contrôle des prédateurs boursiers. Le problème est que l'on arrive difficilement à désigner ces vampires du marché. Alors, pêle-mêle, on cite les *hedge funds*, les fonds spéculatifs de *private equity* et autres activistes actionnariaux.

Ces actionnaires en transit, réunissant quelques pour-cent des titres d'un groupe, en pilotent la stratégie sans démontrer d'*affectio societatis*. Ils ne sont, bien sûr, ni nouveaux ni innovateurs. Par contre, ils se singularisent parce qu'ils opèrent parfois hors des canaux boursiers traditionnels, aidés en cela par la libéralisation des flux financiers.

En somme, certains voudraient pénaliser les actionnaires qui le sont restés trop peu longtemps. Cela se révèle impossible dans la pratique. Tout d'abord, ce ne sont pas les acheteurs à court terme, mais bien les vendeurs qu'il faudrait, en tout état de cause, sanctionner. En effet, ce n'est pas l'acte d'achat mais plutôt la décision de vendre à court terme qui pourrait se révéler blâmable. Mais dans ce cas, il convient de s'interroger sur les motivations de l'actionnaire qui vend ses titres. La raison en est simple : dans la plupart des cas, il vend parce qu'il anticipe que le cours pourrait baisser. Dans l'hypothèse inverse, il attendrait la hausse de cours anticipée avant de vendre.

S'il fallait contraindre les actionnaires à conserver leurs titres plus longtemps qu'ils ne le souhaitent, cela reviendrait à les immobiliser au-delà de la période de hausse de cours qu'ils anticipent et à leur faire supporter une perte ou un moindre gain. Qui serait le bénéficiaire de cette perte? L'acheteur à qui le vendeur n'a pas pu vendre immédiatement ses titres. En d'autres termes, retarder une vente revient à favoriser un acheteur futur, qui pourrait être lui-même un spéculateur!

– On peut voir les choses sous un autre angle. Si la vertu était associée à l'horizon de détention des actions, il conviendrait de récompenser l'acheteur à long terme, en lui permettant de profiter d'un prix d'achat plus bas ou d'un prix de vente plus haut.

Sans doute, mais ceci annihilerait immédiatement le bien-fondé des marchés boursiers, dont la finalité est la formulation d'un prix unique, exprimé de manière continue. On le voit : cela conduit à une impasse intellectuelle. Finalement, il y a qu'une leçon absolue en matière boursière : l'incertitude associée aux cours de bourse réside dans l'horizon d'investissement. Nul ne sait quand la prime de risque, correspondant à un surcroît de rendement, sera obtenue par l'actionnaire. Cette incertitude est exclusivement prospective, elle ne dépend pas de la période de temps durant laquelle l'action a déjà été détenue.

Un marché boursier ne fonctionne donc pas mieux si les actionnaires sont, d'une manière ou l'autre, avantagés lorsqu'ils détiennent leurs titres à long terme. Au contraire, car cette situation peut parfois conduire à des poches d'actionnariat immobile. Or, le marché boursier fonctionne mieux si tous les actionnaires sont actifs, et ce indépendamment de la durée de détention de leurs titres. Un marché animé par un volume important de transactions incorpore, en effet, plus instantanément les informations susceptibles de modifier les cours de bourse.

Cela étant dit, tout chantage actionnarial doit être proscrit. Pour contrer ces dérives, il convient de redéfinir de manière cohérente le rôle et la responsabilité des administrateurs, car ils constituent l'interface entre l'actionnariat et l'entreprise. Cela pose aussi la question cruciale du droit de vote. C'est à ces tâches que les législateurs devront s'atteler au plus tôt.

– Que penser alors des traders *à très court terme, les* day-traders, *dont la seule activité se limite à détenir des titres pendant une période très courte, parfois quelques heures ou quelques minutes?*

Certains s'insurgent contre la trahison des marchés. Comment ces derniers ont-ils pu se tromper si lourdement pour devoir ensuite corriger un enthousiasme déraisonnable? Les petits porteurs auraient-ils été abusés par de puissants investisseurs institutionnels qui auraient faussé les règles du jeu? Selon une rhétorique commune, c'est le marché boursier lui-même qui devrait être puni pour ses excès.

Le paradoxe est là : le marché boursier n'est pas un agrégat autonome et dénué de règles. C'est le lieu de rencontre d'acheteurs et de vendeurs, reflétant la confrontation continue d'anticipations antagonistes. Le marché n'a donc pas raison ou tort, il reflète simplement un équilibre consensuel de la valeur des actifs. Et si les marchés boursiers ont instantanément raison, cette vérité est fragile et évolutive.

Certains auteurs développent des théories basées sur le mimétisme des anticipations, selon lesquelles ce ne serait pas la valeur fondamentale d'un titre qui importe, mais bien l'anticipation du comportement des autres investisseurs, qui expliquerait les accroissements de volatilité. Cette théorie séduisante est fragile, puisque chaque anticipation de hausse de cours doit être rencontrée par une anticipation de baisse.

Dans ce contexte, les critiques formulées à l'encontre d'actionnaires spéculateurs et surtout des *day-traders* sont dénuées de fondement conceptuel. Tout actionnaire a la liberté de son horizon d'investissement. Pourquoi ostraciser les acheteurs à court terme dans un marché boursier haussier et, en même temps, se féliciter de la possibilité de vendre rapidement dans un marché baissier? Les *day-traders* contribuent, comme les autres investisseurs, à l'alimentation de l'efficience des marchés. Ils jouent un rôle fondamental et utile.

Chapitre V – **Les premiers enseignements**

La gestuelle de la main invisible aurait-elle triomphé?

– L'une des leçons les plus évidentes de la crise concerne la nécessaire recapitalisation des établissements de crédit.

Depuis longtemps, les théoriciens académiques craignaient qu'au niveau mondial, les exigences prudentielles en matière de fonds propres soient, en moyenne, insuffisantes pour absorber des chocs extrêmes. Cette crainte était liée à la sophistication des instruments financiers, entraînant eux-mêmes des risques d'effet domino dans l'économie. La crise a résolu spontanément ce problème : le marché boursier a fait pression sur les banques qui n'étaient pas recapitalisées afin qu'elles le soient. Il est néanmoins troublant de constater que cette pression s'est exercée même sur des banques qui étaient suffisamment capitalisées selon les exigences actuelles.

Le marché dicterait-il donc de nouvelles exigences aux autorités de contrôle prudentiel que celles fixées, en 1988, par les accords de Bâle? Aurait-il gagné un bras de fer sur les pouvoirs publics? Ce n'est pas exclu. Un des messages de la crise est l'entrée dans un monde plus volatil, une immersion brutale dans les réalités de l'économie de marché. La question qui reste, pour l'instant, sans réponse est celle de savoir quel est le niveau optimal des fonds propres dans ce monde plus volatil. Une augmentation progressive de 10% à 15% des fonds propres est souvent citée afin d'assurer une solvabilité suffisante.

Lorsque les autorités publiques céderont leurs participations bancaires, cela se fera dans le cadre de procédures négociées avec des actionnaires de référence privés, qui devront alors s'engager à renforcer les fonds propres de ces établissements de crédit. Comme je l'ai indiqué précédemment, ce mouvement s'accompagnera vraisemblablement d'une vague de consolidations.

– Une reformulation des bilans bancaires sera-t-elle nécessaire ?

Probablement, mais selon des logiques qui ressortissent à la stratégie de chaque intervenant. Il est hasardeux d'exprimer le postulat d'un modèle idéal, qui reste à définir.

Un établissement de crédit de détail est fondé sur la stabilité des comptes des particuliers. De l'importance de ces derniers dépendent les possibilités de croissance des institutions. Dans les prochaines années, les exigences de fonds propres seront donc conditionnées aussi par la nature du financement : plus les dépôts stables de la clientèle (c'est-à-dire ne découlant pas du crédit interbancaire) seront faibles, plus les fonds propres devront être importants.

On me rétorquera que nonobstant le niveau d'épargne domestique, le développement international des établissements de crédit était indispensable pour générer les économies d'échelle exigées par les investissements informatiques. La question est de savoir si ces rationalisations informatiques ont été suffisantes, et ma réponse est non.

Différents facteurs ont différé, voire occulté cette évolution indispensable : le passage à l'an 2000, mais aussi l'introduction de nouvelles exigences déontologiques, comptables (basculement aux normes IFRS) et de gestion des risques (Bâle I et II). La croissance des résultats, combinée à des effets d'aubaine conjoncturels, a également émoussé l'urgence des synergies informatiques. Ceci explique incidemment la difficulté des rapprochements bancaires transnationaux. La crise va précipiter la simplification des processus et favoriser ainsi un remodelage du paysage bancaire européen.

– La gestion humaine des institutions financières en sera, elle aussi, affectée.

Pour certaines institutions, la crise va inévitablement entraîner une rupture organisationnelle, qui pourrait même déboucher sur une relève générationnelle. Depuis plusieurs années, la gestion bancaire s'est mécanisée et mathématisée. L'accélération de l'informatisation des processus et la complexité accrue des modèles mathématiques de gestion du risque exigeront – et exigent d'ores et déjà – des compétences scientifiques confirmées.

– Convient-il de réformer les normes comptables IFRS ?

Les normes IFRS présentent d'évidentes imperfections, essentiellement pour évaluer l'activité de transformation financière des banques et des compagnies d'assurances. Il n'est pas exclu qu'elles aient même eu certains effets amplificateurs durant la crise. Plusieurs arguments plaident néanmoins en faveur de la règle de la juste valeur en matière d'évaluation comptable des actifs bancaires. Tout d'abord, cette règle d'évaluation est indépendante des circonstances de marché qui ont conduit à la crise des *subprimes*. Ensuite, elle améliore l'efficience du marché et permet aux lecteurs des comptes annuels d'apprécier les choix d'actifs de l'entreprise, ce qui contribue à une meilleure transparence.

– Quelle serait l'alternative à la règle comptable de la juste valeur ?

La leçon comptable de la crise des *subprimes* réside moins dans l'inadéquation des règles que dans les difficultés à évaluer certains instruments financiers sophistiqués. Et puis, quelle serait l'alternative crédible à la juste valeur ? Certainement pas un retour aux coûts historiques ou à des modèles théoriques généralisés et imposés, dont l'inadéquation avec certains instruments financiers est flagrante. La juste valeur ne doit pas être définitivement écartée, mais plutôt affinée. Les normes comptables américaines ont tracé une piste intéressante dans ce domaine, à savoir un classement des actifs selon leur degré de liquidité. C'est sans doute dans cette voie que les autorités comptables devront s'engager.

Rigueur et transparence sur les marchés

– Plaidez-vous pour une consolidation du contrôle prudentiel des établissements de crédit ?

Tous les acteurs de la sphère financière demandent que le contrôle des méthodes de quantification des risques bancaires soit renforcé. La cartographie des risques, l'évaluation des modèles internes et les exigences des comités d'audit en sortiront probablement consolidées. Ceci rappelle que la mesure des risques financiers est une démarche empirique, dont les résultats s'inscrivent dans des balises statistiques et non dans l'absolu.

La question de l'efficacité du modèle *originate-and-distribute* (octroi, puis cession de crédits) sera également au cœur des prochains débats des contrôleurs financiers. L'un des principaux enseignements de la crise est que le manque de transparence ayant entouré certaines transactions financières aux États-Unis est une des causes profondes du marasme actuel.

Récemment encore, l'ancien président de l'Institut Monétaire Européen, Alexandre Lamfalussy, rappelait que la complexité des produits bancaires avait contribué aux troubles monétaires. L'économiste pointait deux voies, comparables dans leur typologie, susceptibles d'améliorer la gestion financière : la standardisation des instruments et leur négociation dans des bourses réglementées plutôt que dans un cadre de gré à gré.

– Le défi pour les pouvoirs publics sera donc d'élaborer une surveillance étroite des marchés de gré à gré.

Les organismes de contrôle prudentiel ne devront effectivement pas se tromper de cible lorsqu'un diagnostic serein des récents événements boursiers sera posé. La protection des épargnants est à ce prix.

Ce constat posé, la crise a fortement mis en lumière l'action des banques centrales, c'est-à-dire des autorités monétaires. Certains – et j'en faisais naïvement partie – se sont interrogés, par le passé, sur l'opportunité de conserver les banques centrales dans un système entièrement ouvert. Elles viennent de prouver toute leur utilité, car ce sont elles qui ont apporté les réponses les plus appropriées. Il n'est donc pas exclu que le contrôle bancaire glisse, dans un avenir proche, des autorités de contrôle prudentiel vers les autorités monétaires.

Cette dissociation opérationnelle serait pleinement fondée, la crise ayant cristallisé l'antagonisme entre les déposants (qui ont été sauvés) et les actionnaires (qui ont été appauvris). En Belgique, un premier pas avait déjà été franchi en ce sens puisqu'il existe une coupole chapeautant l'agence de contrôle prudentiel et la Banque Nationale. Cette démarche incombe aux pouvoirs publics, qui devront s'assurer de la robustesse du modèle d'organisation prudentielle face à des chocs systémiques. Des initiatives seront certainement prises en matière de supervision bancaire et de contrôle de la régulation.

– Discernez-vous de nouveaux développements pour les marchés réglementés ?

Le rôle des bourses réglementées s'est effectivement révélé salutaire, et ce pour plusieurs raisons. Elles ont démontré leur capacité d'absorption de volumes importants de transactions, sans rupture opérationnelle ni augmentation des écarts de cotation. Elles ont également permis de compenser l'assèchement du marché du crédit interbancaire, en fournissant des relais de liquidités. Les bourses réglementées ont donc non seulement évité des défaillances importantes, mais aussi prévenu l'apparition de risques systémiques.

Les marchés réglementés se distinguent des marchés de gré à gré de plusieurs manières. Tout d'abord, ils sont transparents : leur carnet d'ordre est structuré et l'algorithme de formation des cours est soumis à une validation accrue des pouvoirs publics. Ils sont, par ailleurs, multilatéraux, en ce qu'ils permettent d'agréger les ordres d'un grand nombre de participants, formulant chacun des anticipations différentes. Ceci assure la neutralité et l'indépendance des transactions, puisque l'égalité de traitement entre tous les participants doit être assurée. Ce résultat ne peut être obtenu que grâce à une technologie éprouvée, elle-même soumise à des contraintes de surveillance et de régulation très strictes.

En résumé, la réponse aux dysfonctionnements financiers réside peut-être dans la transparence des marchés boursiers réglementés, qui éliminent les conflits d'intérêts et assurent une standardisation des instruments contribuant à une fluidité des transactions. Dès lors, pourquoi ne pas explorer de nouvelles pistes de réflexion pour des produits financiers autres que les actifs classiques (actions, obligations et instruments dérivés élémentaires) ? Il faut simplement retenir qu'un marché réglementé exigerait de ses membres un dépôt de garantie et des exigences de fonds propres comparables à celles auxquelles les banques sont soumises.

– Bien qu'elle concerne les devises, l'idée d'une taxe Tobin destinée à contrôler la spéculation boursière a immanquablement refait surface.

Dans ce domaine, je me limiterai à exprimer une opinion strictement académique. La taxe Tobin, qui vise à pénaliser fiscalement les opérations de change qualifiées de spéculatives, ne verra jamais le jour. Et pourtant, ce monstre du Loch Ness de la taxation internationale fait de régulières et bruyantes réapparitions au sein des institutions politiques.

L'origine de la taxe Tobin doit être replacée dans le contexte historique de son élaboration, à savoir le début des années 1970. À cette époque, le système monétaire de Bretton Woods, qui avait conduit à établir des parités fixes et une convertibilité en or des principales devises des pays développés, entrait en déliquescence. Ce régime de taux de change fixe, en vigueur depuis la fin de la Seconde Guerre mondiale, se révélait inadapté aux différentiels d'évolution économique entre les pays partenaires. Son abandon en 1973 mena à l'adoption d'un système de cours de change flottants, toujours en vigueur.

C'est à cette époque qu'un professeur américain du nom de James Tobin eut l'idée d'instaurer une taxe de 0,1% à 1% sur les mouvements de change internationaux spéculatifs et d'utiliser les recettes de cette taxe pour financer la croissance des pays en voie de développement. James Tobin soutenait que les mouvements spéculatifs entravaient la marge de manœuvre des autorités monétaires en matière de gestion des cours de change. Il fallait donc les maîtriser, sinon les contenir.

L'idée fut reprise, quelques années plus tard, par le professeur allemand Spahn, qui recommanda de considérer une taxe plus faible (de l'ordre de 0,01% ou un point de base) sur toutes les opérations de change – donc pas uniquement spéculatives – mais avec un taux d'imposition plus élevé sur ces dernières, lorsque les cours de change s'écartent d'une fourchette prédéterminée (ce système est qualifié de *two tiers*).

La taxe Tobin n'a émergé que lentement des cercles académiques. Elle a pourtant trouvé de nouveaux adeptes depuis la crise asiatique des années 1997-1998 et, plus récemment, dans le sillage des manifestations entourant le concept de globalisation de l'économie mondiale.

– L'efficacité économique de la taxe Tobin est-elle prouvée?

Elle ne l'est pas, et les avis sont partagés quant aux inconvénients de la spéculation que cette taxe entend combattre. En tout état de cause, il est probable qu'une faible taxe ne constitue aucunement un obstacle à des mouvements spéculatifs de grande envergure. Certains économistes voient d'ailleurs cette taxe comme un obstacle à des ajustements monétaires inéluctables. Un autre obstacle à son application découle du développement fulgurant des instruments financiers dérivés, permettant de tirer profit de l'évolution du cours de change d'une devise sans échange de capital.

Quels que soient son bien-fondé et son efficacité présumés, l'application de cette taxe ne pourrait être envisagée qu'au niveau mondial, afin d'éviter de rapides et incontrôlables mouvements de capitaux, devenus très mobiles. Les difficultés liées à l'atteinte d'un consensus politique portant sur les modalités sont donc nombreuses, sans compter l'apparition inéluctable de centres *off-shore*.

D'un point de vue fiscal – et il s'agit de son aspect conceptuel le plus important –, la taxe Tobin vise à frapper non pas un enrichissement réalisé, mais un flux financier. Or, un flux financier, appréhendé de manière autonome, ne correspond pas aux concepts de revenu et de valeur ajoutée, dont la taxation constitue le fondement de la plupart des systèmes fiscaux. En d'autres termes, cette taxe constituerait un pur impôt à la source sur le capital (ou sur l'épargne), déconnecté de tout enrichissement éventuel y associé. En Belgique, elle relèverait donc de la même catégorie fiscale que les droits d'enregistrement, les droits de succession ou, dans une matière financière connexe, la taxe sur les opérations de bourse (TOB).

Cette taxe aurait, par ailleurs, un effet d'accumulation, conduisant à un prélèvement d'autant plus important que le nombre de transactions affectant un même flux monétaire est important. Un parallèle peut être établi dans ce domaine avec l'ancêtre de la TVA, la taxe de transmission, qui frappait les circuits commerciaux d'autant plus lourdement que le nombre d'intervenants intermédiaires était important. La taxe Tobin pénaliserait donc la démultiplication des transactions financières qui permet justement de répartir sur un grand nombre d'intervenants les risques de change. La liquidité de certaines devises pourrait, le cas échéant, en être affectée.

Enfin, les modalités administratives de perception de la taxe Tobin constituent un autre obstacle à son éventuelle mise en œuvre. Son coût, essentiellement supporté par les institutions bancaires, serait probablement répercuté sur d'autres intervenants, tels les fonds de pension, les organismes de placement collectif et les compagnies d'assurances. La taxe affecterait donc finalement l'épargne des particuliers.

– Sur le plan méthodologique, comment qualifier une opération de spéculative ?

La spéculation est la contrepartie de la couverture des risques. C'est parce que certains intervenants ne désirent pas supporter certains risques (raison pour laquelle ils mettent en œuvre une opération de couverture) que d'autres opérateurs acceptent de les supporter. Il s'agit, en termes micro-économiques, d'un jeu à somme nulle, la spéculation ne créant pas d'appauvrissement net entre les différentes parties.

La mise en œuvre d'une opération de couverture consiste donc à transférer un risque supporté par le titulaire (ou l'émetteur) d'un instrument financier vers un autre intervenant. Il s'agit de réduire, grâce à un instrument financier de couverture, le risque de variation de valeur d'un autre instrument financier.

La traduction de cette constatation dans le cadre de la taxe Tobin suppose donc qu'il soit possible d'établir une nomenclature des opérations sur devises qui permette une qualification des transactions correspondantes. Cela conduirait à considérer les opérations spéculatives à titre d'événements économiques exigeant une qualification dérogatoire. Il faudrait donc une formalisation de l'intention prévalant à la mise en œuvre des transactions. Or, une telle qualification est presque impossible à établir puisqu'elle est, par essence, propre aux anticipations de risques de chaque intervenant.

Les polarités boursières de demain

– Quoique très efficientes, les bourses sont confrontées à des défis majeurs.

Les bourses contribuent à l'intermédiation de l'épargne vers l'investissement. Ce sont des biens publics et d'intérêt général progressivement entrés dans la sphère de l'économie privée. Les bourses ont abandonné leur statut de mutuelle ou de coopérative pour adopter une formulation de société anonyme au capital ouvert.

Depuis quelques années, on assiste à un phénomène sans précédent de regroupement des bourses de valeurs. La Bourse de Bruxelles a rejoint celle de New York (*New York Stock Exchange* ou NYSE), après avoir été un des membres fondateurs du premier ensemble multi-juridictionnel, ouvert et fédéral : Euronext. La fusion entre NYSE et Euronext n'est pas une occurrence isolée. Au cours des dernières années, les bourses locales américaines (AMEX, Boston, Philadelphie) ont été reprises par le NYSE ou le Nasdaq. OMX, la Bourse des pays nordiques, appartient au Nasdaq, tandis que la Bourse de Milan a été reprise par celle de Londres, elle-même comptant le Qatar et Dubaï comme actionnaires prépondérants.

Dans cette perspective, une révolution en deux temps est prévisible. Dans un premier temps, le phénomène critique sera une démultiplication des capacités électroniques. Ces capacités s'inscrivent dans deux dimensions : la rapidité de transmission des ordres, désormais mesurée en millièmes de seconde, et la transparence d'un protocole de négociation.

Mais la seconde étape est d'une envergure supérieure : les bourses vont s'impliquer dans la gestion et la création de l'information qui fondera la négociation des ordres. Elles vont donc grimper en amont de la chaîne de valeur, au plus près de la décision d'un ordre d'achat ou de vente d'une valeur mobilière.

– Ce sont donc les économies d'échelle informatiques qui, à l'échelle mondiale, conditionneront les polarités boursières de demain.

Le paysage boursier va, en effet, se structurer essentiellement autour de la capacité des bourses à attirer et maintenir une liquidité supérieure, elle-même soutenue par l'efficience électronique. Cette réalité est d'autant plus cruciale en Europe qu'à l'instar d'une démarche comparable aux États-Unis, la Commission européenne a mis en œuvre la directive MiFID (*Markets in Financial Instruments Directive*), entrée en vigueur le 1er novembre 2007.

Celle-ci dépouille les bourses traditionnelles de leur monopole de centralisation des ordres et permet aux banques d'«internaliser» leurs ordres d'achat et de vente. Ceci force les bourses traditionnelles à s'intégrer verticalement dans le domaine technologique et à développer les interfaces avec leurs membres.

Dans cette compétition, elles ont l'avantage de la liquidité historique et conservent un privilège naturel, à savoir l'appel au capital à risque. Ceci étant, il faudra être attentif à ce que les systèmes alternatifs de négociation, autorisés par MiFID, ne déstabilisent pas les entreprises boursières classiques. De nouveaux enjeux régulatoires vont s'imposer aux autorités de contrôle prudentiel.

Incidemment, la directive MiFID valide les rapprochements boursiers transatlantiques, puisqu'elle impose désormais une approche par classes d'émetteurs et segments d'investisseurs plutôt qu'une vision purement géographique. Les bourses devront chacune trouver un positionnement optimal en termes de produits (actions/dérivés), de segments d'investisseurs, de présence géographique et de degré d'intégration verticale (le négoce étant ou non rattaché aux activités de compensation et de règlement-livraison).

– Selon vous, l'amarrage d'Euronext Bruxelles à la Bourse de New York est donc la garantie de sa pérennité et de son développement.

C'est l'appartenance à un groupe d'envergure internationale qui rend possible les investissements informatiques optimalisant, sur un plan opérationnel, le négoce des valeurs belges. Sur Euronext Bruxelles, 80% des ordres viennent de l'étranger et 50% des transactions trouvent leur origine dans le négoce boursier informatisé, qualifié d'algorithmique ou «à très haute fréquence». Il était indispensable, par ailleurs, de redéployer une politique de visibilité locale afin de promouvoir Euronext Bruxelles comme un point d'entrée pour le capital à risque. Cet appel au capital à risque concerne tant des groupes importants, ayant récemment fait appel au marché des capitaux, que des PME à la recherche d'un actionnariat privé étendu.

Cette dualité stratégique s'exprime dans la typologie de l'économie belge, caractérisée par la présence de quelques grandes entreprises à haute densité capitalistique et par un tissu très dense de petites et moyennes entreprises.

Euronext Bruxelles concilie ainsi l'efficience opérationnelle et la liquidité exigées par les premières, et la valorisation de l'effet de notoriété locale souhaitée par les secondes. C'est d'ailleurs cette dualité d'approche qui explique les deux segments de marché : d'une part, le Marché réglementé et, d'autre part, deux marchés non réglementés, Alternext et le Marché Libre. Chaque marché est caractérisé par des obligations différentes, correspondant à des émetteurs et à des investisseurs différents. Alternext et le Marché Libre sont, par exemple, des marchés moins liquides, mieux adaptés à des investissements à long terme pour des particuliers.

La fin d'une sociologie bienveillante des conseils

– *Qu'aura-t-on appris de ce krach en matière de gestion des conseils d'administration?*

L'organisation des conseils d'administration est d'autant plus cruciale que la crise confirme l'importance de la représentation actionnariale. Différentes questions se posent : la discipline des conseils était-elle imparfaite au sein de certains opérateurs financiers? Une complaisance a-t-elle altéré certaines prises de décision? La sophistication de la mathématique des risques n'exige-t-elle pas de nouvelles compétences? Une chose est acquise : les sauvetages bancaires ont consommé la fin d'une sociologie bienveillante des conseils.

Traditionnellement, le rôle d'administrateur dans une entreprise belge s'exprimait dans une fonction de proposition plutôt que de surveillance. Il faudra désormais renforcer ce rôle de veille et accepter le risque d'une exposition juridique accrue des administrateurs, sans basculer toutefois dans les travers du modèle de gouvernance anglo-saxon. À l'avenir, les conseils seront, encore plus qu'aujourd'hui, composés de membres sélectionnés pour leur rigueur, leur expertise et leur capacité de contradiction. L'économie de marché ne sera pas moralisée (car cela se révèle impossible dans la pratique), mais ses acteurs devront être responsabilisés.

– *Les règles de gouvernance seront donc modifiées.*

Utilisée en français du XIIIe siècle comme un équivalent du mot «gouvernement», la gouvernance correspond à un ensemble de comportements au travers desquels des règles collectives sont élaborées, légitimées, mises en œuvre et contrôlées.

Appliqué au monde des affaires, ce concept concerne la façon dont les entreprises sont contrôlées. Il s'assimile à des comportements éthiques (ce terme reste toutefois à définir), destinés à baliser le pouvoir des actionnaires et celui des dirigeants d'entreprise. Le champ de la gouvernance, même s'il n'a pris de l'importance que récemment, est né en 1932 des analyses de Berle et Means, s'inscrivant dans le contexte de la crise de 1929. Ces auteurs concluaient à une gestion défavorable aux actionnaires dans les grandes sociétés cotées, en raison de la séparation entre les actionnaires, qui assument le risque, et les dirigeants, qui prennent les décisions. À 70 ans d'intervalle, les crises boursières alimentent des débats comparables.

L'exigence d'une meilleure gouvernance s'est cependant modifiée au cours des dernières années. Durant la période 1985-1996, la gouvernance apparaît comme un thème relevant de la stratégie. Ensuite, entre 1997 et 2001, la majorité des réflexions associe la gouvernance à la finance. Après 2002, à la suite de la falsification des comptes de certaines sociétés, ce concept est principalement rattaché à la comptabilité. C'est depuis 2007 seulement que la gouvernance revêt une notion de respect du bien collectif et de responsabilité sociétale.

À l'origine, la gouvernance corporative présentait une connotation essentiellement patrimoniale, centrée sur les rapports entre les groupes d'actionnaires. Mais cette vision était réductrice, en ce qu'elle se concentrait sur le seul apport de ressources financières à l'entreprise. De nos jours, la gouvernance corporative s'appréhende de manière plus profonde, prenant en considération non seulement les actionnaires, mais aussi les autres *stakeholders* ou «parties prenantes» de l'entreprise.

On le constate : la crise induira, comme les précédentes, une révision des modes de fonctionnement de l'entreprise. C'est le krach de 1929 qui avait donné naissance à la terminologie de la gouvernance corporative. La crise de 2008 fertilisera, quant à elle, de nouvelles exigences dans ce domaine.

– Quel sera l'avenir des codes de gouvernance corporative ?

Ces codes sont des démarches normatives intelligentes, et leur non-respect dans certaines circonstances ponctuelles n'obère pas leur utilité. En Belgique, le code applicable aux entreprises cotées formule un nouvel écosystème corporatif. Le rôle du conseil d'administration est revalidé par l'exigence d'administrateurs indépendants, tandis que le comité de direction est investi de fonctions précises. Grâce à cette démarche, la Belgique passe d'un système moniste (c'est-à-dire caractérisé par un seul organe d'administration) à un référentiel dual (conseil d'administration et comité de direction), certes optionnel, mais en progression constante.

Pourtant, le véritable apport du code belge de gouvernance corporative se situe à un tout autre niveau : il refoule la principale singularité de la gouvernance anglo-saxonne, à savoir la judiciarisation du rôle d'administrateur. En insistant sur le caractère collégial du conseil d'administration, il prône l'équilibre des rôles et responsabilités, plutôt que leur fragmentation. Pour bien comprendre cette problématique, il faut distinguer les modèles d'économie de marché américain et européen.

– En quoi ces deux modèles se différencient-ils ?

Outre-Atlantique, l'économie de marché recherche l'efficience actionnariale. Il est transactionnel et sans attaches familiales. En conséquence, la gouvernance américaine réfute la notion d'actionnaire de référence, au motif qu'un actionnariat minoritaire (transitoire) entraîne une fluidité accrue du capital et une meilleure efficience boursière. Le rôle de l'actionnaire de référence est neutralisé par des restrictions à la nomination ou aux procédures votales des administrateurs. Ceux-ci doivent s'assurer que les dirigeants exercent leur fonction conformément à l'objet et à l'intérêt social de l'entreprise. Ils sont donc chargés de réduire les frictions entre les pourvoyeurs de capitaux à risque et les dirigeants. Pour cette raison, les conseils d'administration américains font souvent appel à des personnalités issues du monde académique ou à des professionnels du conseil.

Aux États-Unis, les administrateurs ne sont pas, comme en Europe, «protégés» par la personnalité juridique de l'entreprise. Leur exposition juridique est contractuelle et individuelle, parce que liée au rôle d'intermédiaire qu'ils doivent jouer. Ils ne sont pas couverts par un actionnaire de référence, puisque leur désignation neutralise cette influence éventuelle. Ils ne sont pas non plus associés à des dirigeants dont ils doivent baliser les pouvoirs. Par conséquent, les administrateurs doivent être assurés contre des préjudices patrimoniaux, dont l'importance est renforcée depuis le vote de la loi Sarbanes-Oxley.

Dans notre pays, l'économie de marché est patrimoniale et souvent enracinée dans des équilibres familiaux. Cette particularité est fondamentale pour un administrateur belge. Le rôle d'un conseil d'administration n'est pas d'atténuer l'influence d'un actionnaire de référence (souvent familial), puisque la présence de ce dernier est inhérente au modèle choisi. Il ne s'agit pas non plus de délimiter les prérogatives des responsables de la gestion quotidienne, leur désignation étant souvent effectuée par l'actionnaire majoritaire. En Belgique, chaque administrateur est donc, sauf comportement fautif, protégé par l'imperméabilité juridique de l'entreprise.

– Quel modèle préconisez-vous ?

Il convient idéalement de respecter l'équilibre propre à notre Royaume, tel que je viens de le décrire, car il ressort de notre biotope corporatif. En effet, une transposition précipitée du modèle anglo-saxon conduirait à scinder le conseil d'administration en deux classes d'administrateurs. Il y aurait, d'une part, les administrateurs représentant directement l'actionnaire de référence et, d'autre part, les administrateurs indépendants. Théoriquement, ces derniers seraient plus « à risque », notamment parce qu'ils doivent composer le comité d'audit.

L'existence d'un actionnaire de référence est inconciliable avec un accroissement de la responsabilité civile et/ou pénale individuelle des administrateurs, qui aurait précisément pour effet de fragiliser leur indépendance. Au-delà de ces postulats, il convient de plaider pour une responsabilisation accrue des administrateurs, y compris au sein des institutions de crédit où s'impose pourtant la nécessité d'avoir un ou plusieurs actionnaires de référence (un actionnaire de référence est indispensable dans les entreprises dont la protection des créanciers peut exiger rapidement le recours à des capitaux frais). C'est un paradoxe qu'il faudra trancher.

– En termes de gouvernance, les actionnaires ne portent-ils pas la responsabilité de ne pas s'être manifestés plus tôt, sentant poindre la crise ? Les investisseurs institutionnels sont restés très discrets aux récentes assemblées générales !

La vraie question concerne la valeur d'un droit de vote. Celle-ci est quasiment nulle pour un actionnaire individuel. Elle est, par contre, démultipliée pour un actionnaire de référence ou un investisseur institutionnel. Au rang de ces derniers, on remarque essentiellement les actionnaires activistes qui exercent parfois des «abus de minorité». Mais que penser des actionnaires fédérés sous forme de SICAV et fonds communs de placement ?

Dès le milieu des années 1990, plusieurs promoteurs anglo-saxons d'OPCVM (organismes de placement collectif en valeurs mobilières) ont défendu la participation aux assemblées générales des actionnaires des sociétés dans lesquelles ils investissaient. Les autorités de contrôle prudentiel américaines (*Securities and Exchange Commission*) rendent obligatoire la transparence des votes des fonds de placement américains aux assemblées générales. L'actionnariat passif de ces fonds renforce le poids relatif de l'actionnaire de contrôle et affaiblit, en conséquence, la transparence du contrôle des sociétés cotées.

L'objectif de cette dynamique reste, suivant mon analyse académique, encore imprécis et sans doute insuffisamment formulé. Il reste à démontrer que la validation ou, surtout, l'infirmation éventuelle de la stratégie d'une entreprise, au travers d'un vote à l'assemblée générale, s'inscrit utilement dans le cadre du mandat d'un gestionnaire de fonds.

L'investisseur particulier, qui n'a qu'une vague idée des investissements des OPCVM, accorde-t-il de l'intérêt, c'est-à-dire l'espoir d'un rendement accru, aux véhicules de placements diversifiés qui ambitionnent de conforter ou d'infléchir la stratégie des entreprises dont les fonds sont actionnaires? Attend-il d'un gestionnaire qu'il modifie la ligne stratégique des entreprises dont il détient des actions, alors que les OPCVM sont commercialisés selon des critères de marketing qui escamotent souvent leur stratégie de placement? La véritable contrainte de gouvernance corporative ne se pose-t-elle pas plutôt dans le chef des gestionnaires de fonds vis-à-vis des actionnaires des OPCVM? Quelle est la pertinence des actes d'un gestionnaire de fonds de placement dont les produits sont souvent destinés à être détenus de manière passive par des épargnants individuels? Attend-on d'un gestionnaire qu'il s'occupe de la stratégie d'investissement et de la gestion stratégique des fonds? Et, en fin de compte, le client est-il prêt à payer pour de nouvelles démarches administratives?

La meilleure piste de réflexion est sans doute de déléguer le suivi de la vie sociale des entreprises, dont un gestionnaire détient des actions, à un tiers indépendant, qui serait chargé d'intervenir en cas de *breach of duty* (c'est-à-dire d'infraction à ses obligations) significatif. Ce débat fondamental est loin d'avoir abouti.

– Vous signalez la nécessité, pour les établissements de crédit, de disposer d'un actionnaire de référence. Sous l'optique de la gouvernance d'entreprise, ce débat ne doit-il pas être étendu à toutes les entreprises cotées?

C'est effectivement une question qui va se poser à nouveau, à tout le moins en termes académiques. Depuis quelques années, différents courants de pensée s'interrogent sur le bien-fondé d'avoir, pour une entreprise cotée, un actionnaire de référence. Faut-il, en effet, privilégier un actionnariat exclusivement minoritaire ou, au contraire, conforter l'existence d'un actionnaire majoritaire qui est chargé de piloter l'entreprise?

Certaines études signalent qu'un actionnaire de référence est une valeur ajoutée pour l'entreprise, surtout en période de turbulences conjoncturelles. Pourtant, l'actionnariat de référence ne fonde pas, dans l'absolu, le meilleur modèle. Il peut d'ailleurs conduire à des conflits d'intérêts entre actionnaires, voire à des décotes boursières.

En même temps, l'actionnariat exclusivement minoritaire (reflétant les tendances anglo-saxonnes) n'est pas exempt de failles. En effet, si l'actionnariat d'une entreprise est fragmenté et anonyme, un actionnaire qui rassemble quelques pour cent des droits de vote devient *ipso facto* un actionnaire de référence. Cela conduit parfois à des dérives telles que des chantages sur des directions, voire des choix stratégiques sub-optimaux.

– Cela pose-t-il la question des modèles d'organisation ?

La problématique de l'actionnariat des entreprises cotées révèle effectivement deux modes organisationnels, sans que l'un soit supérieur à l'autre : le modèle anglo-saxon et le modèle européen.

Outre-Atlantique, la concurrence parfaite est le modèle absolu des sociétés marchandes. Celle-ci suppose un marché atomisé et dépouillé de tout acteur dominant. Ce modèle conduit à l'actionnariat minoritaire, et accessoirement au rejet d'un actionnaire de référence. Si un actionnaire est prédominant, son influence doit être neutralisée par les administrateurs. Ceux-ci sont investis d'une responsabilité personnelle et disposent de différentes techniques (droit de veto, règles de majorité) à cet effet.

Par contre, dans nos pays, la cotation des entreprises est souvent accompagnée de la présence d'un actionnaire de référence. C'est, par exemple, le cas des entreprises cotées sur Euronext Bruxelles, dont le tiers des actions est, en moyenne, détenu par un actionnaire de référence.

Ceci étant, le modèle européen n'est pas pérenne. En effet, la Commission européenne met progressivement en question la pertinence de l'actionnaire de référence. Différentes directives, dont certaines ont déjà été transposées en Belgique, s'imprègnent de cette orientation. C'est, par exemple, le cas de la directive OPA qui conduit à exiger le lancement d'une offre publique dès qu'un seuil de participation de 30% dans une société cotée est franchi.

– En filigrane de ces différences de modèles, c'est, en vérité, la question du droit de vote qui se pose!

Contrairement au droit au dividende, acquis passivement par tous les actionnaires, le droit au vote n'est pas exercé par l'actionnaire minoritaire. Cette absence d'exercice du pouvoir votal n'est pas singulière : elle est inhérente au modèle d'économie de marché anglo-saxonne à l'actionnariat minoritaire.

Certains vont, dès lors, plus loin que cette constatation : si les droits de vote ne sont pas exercés par les actionnaires minoritaires, c'est que leur valeur est insignifiante. Cela signifie théoriquement que leur valeur est *de facto* transférée gratuitement par les actionnaires minoritaires à l'actionnaire de référence. Ne faut-il pas, dès lors, attribuer des droits de vote additionnels aux actionnaires stables? Il s'agirait donc de déroger au principe selon lequel le nombre de voix attachées aux actions est proportionnel à la quotité de capital qu'elles représentent. Au reste, l'idée n'en est pas neuve : les actions à droits de vote multiples ont déjà existé en Belgique, avant qu'un arrêté royal de 1934 ne les supprime, dans le sillage du krach de 1929.

C'est, par exemple, le cas de la France, qui autorise les actions à droit de vote double. Leur émission résulte des statuts et du délibéré d'une assemblée générale extraordinaire. Ces actions doivent être nominatives, et inscrites au nom d'un même titulaire depuis une durée minimum comprise entre deux et quatre ans (pour les sociétés cotées).

– Les actions à double droit de vote devraient-elles donc être imaginées en Belgique ?

Là aussi, deux courants de pensée s'opposent en matière d'actions à droits de vote majorés.

Ceux qui sont favorables à l'idée soulignent l'incongruité de donner la même influence, en termes de droits de vote, à des actionnaires permanents et en transit. Dans cette perspective, il convient de récompenser la stabilité de l'actionnariat en majorant les droits de vote de ces actions stables. Cela permet à l'actionnaire de référence d'alléger son investissement financier dans l'actionnariat de l'entreprise. En effet, à nombre de droits de vote égal, il lui faut détenir moins d'actions pour garder son influence. Ceci permet aussi d'augmenter le *free float* (fraction des titres traités en bourse), sans mettre en péril la structure de l'actionnariat de référence.

Mais pour d'autres protagonistes, cette démarche conduirait au renforcement des structures de holdings, dont l'objectif est souvent de maximiser leur pouvoir de direction en minimisant le nombre de titres détenus dans les filiales. L'émission d'actions à droits de vote multiples tendrait donc à escamoter les actionnaires minoritaires. En renfort de cet argument, une récente étude de la Commission européenne avance que les actions à droits de vote irréguliers souffrent d'une décote de 10% à 30%. Dans cette optique, la privation du droit de vote doit être rémunérée sous une forme ou l'autre (dividende prioritaire, etc.).

Il est donc impossible de trancher, de manière définitive, le nœud gordien de la controverse des actions à droits de vote multiples.

Mais quel est le véritable problème ? Les cotations boursières sont alimentées par un flux continu d'achats et de vente. Par contre, l'exercice du droit de vote est lié à la détention de l'action pendant un bref intervalle de temps, à savoir le moment des assemblées générales.

En d'autres termes, on oppose une cotation boursière qui, pour exister, exige un flux permanent d'acheteurs et de vendeurs à un droit de vote qui requiert une fugace détention de titres. Ce mode d'organisation était adapté lorsque les marchés boursiers étaient peu mobiles et moins fractals. Mais, de nos jours, ce manque de synchronicité n'est pas optimal. En effet, la propriété de l'action est dynamique tandis que l'exercice du droit de vote est statique.

On en arrive donc à une constatation implacable : le cours de bourse ne peut exister entre deux assemblées générales que s'il exclut certains actionnaires. Ces actionnaires exclus sont les vendeurs de titres qui, *de facto*, transmettent leur droit de vote à des acheteurs subséquents. Inversement, si tous les actionnaires voulaient le rester, afin de pouvoir exercer leur droit de vote, il n'y aurait pas de vendeurs de titres, donc pas de cotation.

Intuitivement, une orientation à long terme devra donc être prise. Celle-ci consistera en la poursuite du modèle américain, caractérisé par la minorisation forcée de l'actionnariat ou, au contraire, l'extraction du droit de vote pour les actionnaires instables. Dans cette seconde logique, le droit de vote pourrait, par exemple, s'acquérir, dans des limites balisées, au fur et à mesure de la détention. Il pourrait devenir caduc en cas de changement de contrôle. Mais d'autres modalités sont envisageables : actions sans droit de vote à dividende prioritaire, capital remboursable, etc.

Rémunérations : le multiple de Platon

– Les rémunérations plantureuses dans le secteur financier ont-elles contribué à la crise ?

C'est une question sans solution définitive, à laquelle le gouvernement belge n'a apporté qu'un élément de réponse. Il est impossible de se prononcer sur le montant absolu des rémunérations. Par contre, il faut soulever la question des effets d'aubaine, c'est-à-dire des asymétries entre la rémunération et l'action de son bénéficiaire.

Ce qui est important, c'est que la rémunération n'entraîne pas une prise de risque excessive. Elle doit également être en rapport avec la responsabilité collective qui y est, même indirectement, associée. Au demeurant, les pouvoirs publics belges ont décidé de s'attaquer à cette réflexion, constatant que la liberté contractuelle, conjuguée à des problèmes de gouvernance, avait conduit à des situations critiquables.

– Que penser de l'influence anglo-saxonne en matière de politique salariale ?

Quelques années de fort développement économique – c'est-à-dire un épiphénomène conjoncturel – auront réussi à modifier la vision de nos sociétés d'Europe continentale, ancrées dans la croyance d'une subordination de l'enrichissement personnel à la prospérité collective.

Des privatisations aux mégafusions, le modèle anglo-saxon a fini par consacrer l'émergence d'un modèle rémunératoire dont on mesure seulement l'envergure. Les fourchettes de rémunérations sont désormais bien éloignées du multiple de 4 préconisé par Platon entre les salaires des personnes les mieux et les moins payées au sein d'une organisation. Ce multiple platonicien relève incidemment plutôt du postulat philosophique que de l'étude des sciences du travail.

En fin de compte, c'est un équilibre entre le travail et la rémunération marginale qu'il importe de conserver, au travers d'une saine confrontation des facteurs de production. La crise entretient et alimente une réflexion dans ce domaine. Les réponses seront fournies par les pouvoirs politiques et les codes de gouvernance.

– La crise boursière disqualifie-t-elle les stock options *?*

La crise a fragilisé l'épargne salariale et les *stock options*. Chaque tourment boursier rappelle que l'association entre les facteurs de production «capital» et «travail» reste une matière délicate, pétrie d'effets d'aubaine, de réflexes opportunistes, mais aussi d'idéaux politiques. En effet, au-delà de leur aspect rémunératoire, les *stock options* créent – et c'est une occurrence singulière – une relation financière directe entre les actionnaires et les travailleurs de l'entreprise.

– Est-il légitime d'associer les travailleurs à l'évaluation boursière de l'entreprise par des stock options?

L'attribution et surtout l'exercice de *stock options* conduisent à une perméabilité de la rémunération des deux principaux facteurs de production. La valeur ajoutée de l'entreprise n'est cependant appréhendée par les *stock options* que dans la valeur boursière, qui reflète non pas le risque professionnel des travailleurs, mais bien le taux de rendement attendu par les actionnaires. La participation bénéficiaire des travailleurs ramène donc à une problématique irrésolue en termes d'équité rémunératoire : quelle est la bonne rémunération du travail, exclusivement sa valeur ajoutée comptable ou également, pour partie, la rémunération du capital?

On sait, par ailleurs, que la valeur boursière des actions, constitutive de la valeur actualisée des performances futures de l'entreprise, est soumise à des facteurs de risques systémiques, reflétant les conditions générales de l'économie (taux d'intérêt, cours de change, phénomènes spéculatifs, etc.). Le partage de la valeur ajoutée de l'entreprise au travers d'une participation à l'évolution du cours de bourse ne s'impose, dès lors, pas naturellement sur le court terme.

– Il existe deux écoles pour l'attribution de stock options : l'une veut en faire bénéficier tous les travailleurs, l'autre, seulement les dirigeants.

Suivant une vision marxiste, l'attribution de *stock options* devrait concerner l'ensemble des travailleurs, par une attribution identique et indépendante de la fonction dans l'entreprise, censée capturer au bénéfice des travailleurs le profit économique qu'ils génèrent. Il s'agit, dans cette logique, d'homogénéiser les critères sur lesquels se fonde l'entreprise et de rejeter, à tout le moins partiellement, un système d'entreprise gouverné par les actionnaires.

Un second mode d'attribution des options, plus répandu que le précédent, s'inspire d'une vision capitaliste ou actionnariale, tendant à refléter la primauté de l'apport de capital dans les entreprises. Cette logique, basée entre autres sur l'absence de mise de fonds en capital des titulaires de *stock options*, conduit à limiter l'attribution des options aux travailleurs de l'entreprise dont l'activité a un impact significatif sur le patrimoine des actionnaires. Dans cette perspective, l'attribution de *stock options* est circonscrite aux dirigeants de l'entreprise, pour lesquels le lien entre la performance professionnelle et la valeur boursière est le mieux établi. Cette approche s'inscrit elle-même dans le sillage des objectifs de gouvernance corporative, visant à calquer les objectifs des dirigeants de l'entreprise sur ceux des actionnaires minoritaires.

D'aucuns considéreront que l'approche «capitaliste» de l'attribution de *stock options* ne conduit en rien à un meilleur partage du profit économique. Il s'agit, en effet, de conditionner une partie de la rémunération des dirigeants de l'entreprise à leur enrichissement patrimonial. J'ai plutôt le sentiment que c'est un bon vecteur de participation bénéficiaire. Chacun jugera cependant, en fonction de sa sensibilité politique, la pertinence de cet argument, débattu depuis des décennies.

– L'idée d'un partage équitable de la marge d'exploitation entre les apporteurs de capital et de travail n'est pas neuve!

Effectivement. C'est le XIXe siècle qui voit fleurir, en France, dans le sillage de la révolution industrielle, les premières théories d'association rémunératoire des travailleurs salariés et des dirigeants d'entreprise. Différents courants de pensée se développent avec, pour objectif, de conduire à une perméabilité de la rémunération de ces deux facteurs de production.

Le courant utopiste, très radical, entend dépasser l'opposition entre capital et travail par une organisation de la relation salariale fondée sur l'association de type mutualiste, destinée à salarier le capital et à capitaliser le travail. Le courant humaniste défend, quant à lui, l'idée que la participation des travailleurs aux résultats de l'entreprise permet d'assurer la dignité de l'homme au travail. Il est proche de la doctrine sociale de l'Église consacrée par l'étonnante Encyclique *Rerum Novarum* de Léon XIII. De son côté, le courant productiviste, le plus capitaliste, fait de la participation aux résultats un facteur d'amélioration quantitative et qualitative des résultats de l'entreprise.

Le XXe siècle va consommer la normalisation des rapports sociaux. Dès la fin de la Seconde Guerre mondiale, le débat reprend corps, en France, sous l'impulsion du Général de Gaulle qui lança l'idée de lier les rémunérations des travailleurs aux résultats de l'entreprise. Cela conduisait, dans l'esprit de christianisme social gaullien, à une troisième voie entre un communisme écrasant et un capitalisme abusif.

Pourtant, ces courants de pensée successifs n'apportent aucune réponse définitive à la question de savoir comment allouer avec équité le profit économique de l'entreprise aux travailleurs et aux actionnaires. La théorie marxiste postule que les actionnaires dépossèdent les travailleurs de la valeur ajoutée ou du surtravail, cette extorsion de la plus-value étant la source de l'accroissement du capital. La vision capitaliste est plus opportuniste, tablant sur le fait que les forces de marché conduisent à un équilibre naturel des rémunérations.

Ceci nous ramène à l'excellent ouvrage de Jean-François Revel, *Ni Marx, ni Jésus* (1970). L'auteur y pressentait que la grande révolution du XXe siècle serait la révolution libérale, et non la révolution socialiste. À l'époque, les *stock options* n'étaient pas répandues. Elles contribuèrent sans doute à fondre les intérêts des travailleurs dans le creuset de la valeur actionnariale, en dépassant, de manière biaisée, l'opposition classique entre les facteurs de production «travail» et «capital».

– Comment appréhendez-vous la problématique de la publicité des rémunérations des dirigeants d'entreprise?

La transparence de la rémunération des dirigeants d'entreprise constitue une matière délicate, qu'il faut examiner sans aucune émotivité. Le débat porte fondamentalement sur la valeur ajoutée que pourrait apporter, pour les participants à la vie sociale de l'entreprise, la connaissance de la rémunération de ses principaux responsables. La revendication d'une meilleure transparence en matière de rémunérations revêt, en réalité, une dimension qui sublime sa valeur factuelle, à savoir celle de l'information des actionnaires de l'entreprise.

Il s'agit, en effet, d'un problème de cohérence (ou de symétrie d'objectifs) entre les intérêts des mandants et ceux des mandataires. Cette situation reflète la fragmentation de l'actionnariat et l'émiettement géographique des propriétaires de l'entreprise, conduisant à les rendre peu enclins ou dans l'impossibilité d'exercer un quelconque contrôle sur les décisions stratégiques de l'entreprise.

Il ne faut d'ailleurs pas s'étonner du fait que les exigences en matière de révélation des rémunérations des dirigeants de sociétés aient trouvé leur origine dans les pays anglo-saxons, caractérisés depuis longtemps – au contraire des principaux pays européens – par l'absence d'actionnaires de référence. Les orientations normatives anglo-saxonnes donnent la prééminence à l'information financière des actionnaires (plus mouvants) et recommandent, dans cette perspective, une très grande clarté lorsque les actions des entreprises sont négociées sur un marché boursier.

La question se pose de savoir si la publication des rémunérations des dirigeants est réellement une information discriminante pour les marchés boursiers. En d'autres termes, comment faire la distinction entre une information destinée à améliorer l'efficience des marchés financiers et une donnée ne constituant, aux yeux de personnes en quête d'une certaine justice sociale, qu'un outil d'expiation médiatique?

Il est difficile de trancher cette question, mais il n'en reste pas moins que la publicité des rémunérations est désormais une tendance lourde, à laquelle je souscris. Cette problématique est toutefois peu adaptée à des initiatives législatives ou réglementaires trop rigides. Une évolution par recommandations me semble plus appropriée. Il importe, dans cette matière, que les intervenants concernés s'adaptent progressivement et qu'on évite surtout les dérives perverses. Volonté de transparence ne doit pas être confondue avec voyeurisme.

– Lier la rémunération des dirigeants d'entreprises cotées aux dividendes vous paraît-elle une option séduisante ?

Cette idée, importée des États-Unis, n'est pas neuve et elle peut, en effet, paraître séduisante alors que l'inflexion boursière guide à nouveau l'intérêt vers les *value stocks*, c'est-à-dire les actions d'entreprises matures, présentant un historique de dividendes confirmé.

Il s'agit d'une troisième voie rémunératoire, s'intégrant conceptuellement entre le salaire prélevé sur le compte de résultats de l'entreprise et les *stock options*. Ou se situant, en d'autres termes, à la charnière de la rétribution des deux facteurs de production – le travail et le capital –, là où deux métriques financières se rencontrent : d'une part, le référentiel comptable, conduisant à la détermination comptable du dividende, et, d'autre part, le référentiel boursier, établi sur la base de l'actualisation des dividendes futurs anticipés.

L'identification d'un système optimal de rémunération des dirigeants n'est pas une démarche simple, car elle impose de déterminer un indicateur opérationnel de performance, qui reste souvent à définir. Ces dernières années, on assiste d'ailleurs à l'émergence d'un florilège de mesures de performance tentant de concilier des agrégats comptables et boursiers, sans que la matière ne soit aucunement stabilisée. Il n'existe pas non plus de référentiel d'intéressement homogène, car ce dernier doit être comparé à l'aune de la réalisation d'objectifs, dont l'horizon reste, par essence, incertain et propre à chaque dirigeant et à chaque entreprise.

Cette problématique est, de surcroît, conditionnée par une dimension particulière : l'intérêt des dirigeants peut ne pas toujours coïncider avec celui des actionnaires. Disposant d'une meilleure information que les actionnaires minoritaires sur la gestion de l'entreprise (information asymétrique), ils peuvent éventuellement infléchir leur stratégie en fonction de leurs intérêts particuliers ou de ceux de l'actionnaire de référence.

Dans ce contexte, adosser la rémunération des dirigeants d'entreprise sur le flux de dividendes pourrait apparaître comme une meilleure solution, car elle alignerait celle-ci sur les revenus des actionnaires, sous la contrainte du résultat comptable de l'entreprise.

Toutefois, cette idée procède d'une analyse erronée des processus de répartition des résultats et d'une confusion portant sur la nature de l'actionnariat des entreprises. En effet, le montant du dividende attribué par une entreprise résulte d'une décision de son actionnaire de référence, tandis que le cours de bourse reflète essentiellement la valeur attribuée à l'entreprise par ses actionnaires minoritaires qui sont les principaux intervenants dans le négoce boursier des titres.

Même si, théoriquement, la politique de dividende de l'entreprise est approuvée par l'assemblée générale des actionnaires, c'est l'actionnaire de référence qui suggère un échéancier de dividende, souvent indexé de manière monotone. On imagine donc difficilement cet actionnaire altérer l'affectation du résultat en fonction des performances des dirigeants qu'il a nommés.

La liaison entre la rémunération et le montant du dividende conduit donc, quand elle ne la renforce pas, à la subordination des dirigeants à l'actionnaire de référence, ce qui est exactement à l'opposé des exigences d'une meilleure gouvernance corporative.

Inversement, il serait peu incitatif pour un dirigeant d'entreprise que sa rémunération soit adossée à un flux de dividende stable, donc non discriminant en termes de performances individuelles. En outre, le couplage d'une rémunération à un flux de dividende ne permet pas d'y incorporer l'impact à long terme de sa stratégie : le résultat de l'entreprise, sur lequel le dividende est prélevé, n'est en effet que la résultante mécanique des opérations passées, sans prise en considération d'un référentiel prospectif intégré (sans doute imparfaitement) dans le cours de bourse et donc dans les *stock options*.

Lier une rémunération à un flux de dividende conduit, plus fondamentalement, à confondre une décision de financement (portant sur le complément du dividende, c'est-à-dire la rétention des résultats) avec une décision salariale. Sans compter, bien sûr, le problème des entreprises qui ne paient pas de dividende (*start-up*, sociétés en perte ou à l'autofinancement insuffisant) et celui des sociétés pour lesquelles le rachat d'actions propres est un substitut, certes partiel, au paiement de dividendes.

Moraliser l'économie de marché? Un débat mal formulé

– De nombreuses voix revendiquent une moralisation de l'économie de marché. Qu'en pensez-vous?

L'économie de marché n'est ni morale ni immorale, mais amorale, c'est-à-dire étrangère au domaine de la moralité. C'est un ensemble de fonctionnalités, dont il convient d'analyser, c'est indéniable, les comportements inattendus. Croire qu'on va résoudre des problèmes techniques, relevant de réglementations et d'analyses économiques, en les immergeant dans des sentiments moraux me semble, en revanche, hasardeux.

On ne moralise pas un système : on responsabilise ses acteurs sur le plan civil ou pénal. Encore faudra-t-il alors mesurer précisément la contribution de chaque acteur à la globalité du système. Du reste, certains parlent d'une transition d'un capitalisme industriel à une économie de marché postindustrielle. Ces distinctions me semblent plutôt relever de la rhétorique d'abstraction que d'évaluations concrètes.

– Face au cataclysme actuel, on ne peut toutefois ignorer les questions éthiques!

Il faudrait d'abord définir le référentiel à l'aune duquel mesurer la moralité. Or, dans ce domaine, on évolue dans un cadre circonstanciel et relatif, contingent à un ensemble d'influences : l'économie de marché est l'exploitation de multiples possibilités d'échange. À mon avis, la moralité, si tant est qu'elle soit définissable de manière uniforme par tous les agents économiques, devra se cristalliser dans un partage des richesses au bénéfice des plus démunis.

– Le système est-il encore sous contrôle?

Le système, dans sa globalité, est contrôlé puisqu'il est formulé par les hommes. Une chose me semble intuitive : il est vain de tenter de ralentir les flux de capitaux au motif que le facteur de production «travail» est moins mobile.

Mais la difficulté des qualifications morales n'exonère pas de réfléchir à des améliorations de nature inductive (et d'ailleurs consubstantielles au système). L'ancien président de la Réserve Fédérale américaine, Alan Greenspan, a, par exemple, récemment expliqué que la crise financière des dernières semaines lui avait révélé une lacune dans l'idéologie capitaliste à laquelle il avait toujours cru.

– Comment, dès lors, concilier les exigences humanistes et l'économie de marché?

Ceci ramène à la dissociation qu'il me semble important d'opérer entre l'économie de marché, en tant que modalité factuelle, et la morale. L'économie de marché fonde la création de richesse, tandis que le modèle politique – qui doit lui être congruent – assure répartitions et redistributions nécessaires.

À cet égard, il me semble important de préciser que l'économie de marché n'est pas synonyme de libéralisme, même si les deux phénomènes s'entretiennent mutuellement, par une affinité réciproque. L'économie de marché est un état de l'économie, tandis que le libéralisme est une école de pensée postulant que les libertés économiques (libre-échange, liberté d'entreprendre, libre choix de consommation, de travail, etc.) sont nécessaires en matière économique et que l'intervention de l'État doit être limitée.

Certains imaginent que le *statu quo* économique est souhaitable. Comme s'il existait un état stationnaire qui constitue le point d'équilibre de l'économie, un niveau d'évolution qui minimise les perturbations de tous types, qui rendrait l'avenir enfin prévisible et rassurerait la plupart des agents économiques.

À mon estime, cette vision du monde est mal formulée. Une stabilisation de l'économie figerait les inégalités sociales et entraînerait, par conséquent, une politique de moindre distribution des richesses, qui elles-mêmes ne seraient plus générées ou, à tout le moins, ne croîtraient plus. On ne peut donc pas imaginer, encore que cela relève plus de la philosophie économique que de la modélisation économétrique, une sorte d'état fluide et stationnaire convergeant vers une répartition étale des richesses créées.

Le progrès trouve son moteur dans certains déséquilibres. En d'autres termes, une stabilisation apparente n'intégrerait pas le facteur essentiel du progrès, à savoir l'oscillation permanente des agrégats économiques et la réallocation permanente des capitaux et du travail. Elle nierait aussi l'aléa, positif ou négatif, lié aux différents états de la nature. Or, cet aléa est, globalement et sur une période suffisamment longue, positif pour les économies. C'est aux pouvoirs publics de corriger les déséquilibres de répartition des richesses. Et dans ce domaine, il y a indéniablement des actes à poser.

– Les constats que vous posez touchent au modèle économique proprement dit.

Ce qui est en cause, effectivement, c'est moins la contamination à la sphère économique que le choc de modèle. Après quatre années de lévitation monétaire, la crise financière, conjuguée au trou d'air boursier et aux poussées inflationnistes, effraie les entreprises. Ces craintes s'amplifient dans un climat de concurrence internationale démultipliée.

Mais il y a autre chose qui donne des vertiges à la Belgique, un peu comme si l'état d'apesanteur dans lequel elle flottait avait brusquement éclaté : c'est l'intuition d'un cycle révolu. Les années passées furent prudentes et stables, presque des passagers clandestins d'une globalisation dont nous n'avons pas mesuré réellement l'envergure. Les prochaines seront immergées sans rémission dans l'économie de marché.

Le glissement de modèle a débuté après la seconde crise du pétrole, à la fin des années 1970, c'est-à-dire au terme des Trente Glorieuses. L'économie européenne s'est diluée, en moins de trois décennies, dans la mondialisation. C'est la fluidité du capital qui a entraîné *de facto* le changement de modèle : à partir du moment où les capitaux, grâce à l'ouverture des frontières, peuvent se localiser dans les poches de meilleure rentabilité, on alimente un modèle d'économie de marché.

L'Europe des nations économiques – qui correspond à une forme d'insularisation de l'économie – n'est plus possible quand les frontières s'ouvrent aux flux financiers. Nos économies se sont engouffrées dans un nouvel ordre de type juridico-marchand : celui-ci individualise les aléas de la vie et limite la protection collective. Cette mutation consomme un éloignement du modèle européen classique, fondé sur une croissance prévisible et un partage des richesses. La crise qui nous frappe est un signal, l'apprentissage accéléré d'une économie très volatile. La volatilité gagnera même, probablement, d'autres domaines : écologique, démographique, énergétique, etc.

– En quoi le modèle anglo-saxon est-il plus volatil ?

Il actualise, au sens financier, les variations des paramètres économiques, plutôt que de les lisser dans le temps. Il fonctionne comme un cours de bourse, dont le fondement et la conséquence sont l'expression d'une volatilité. Ces dernières décennies ont responsabilisé individuellement les agents économiques. La relation à l'économie est devenue plus personnelle, ce qui a induit une sphère économique plus mobile, mais aussi moins bienveillante.

En termes d'image physique, c'est comme si on était passé d'un monde solide à un monde liquide. La nature liquide de notre économie est devenue la norme, une fluidité optimale du capital étant recherchée pour que de nouvelles initiatives individuelles puissent voir le jour. Tout ceci conduit à un rapport au temps différent : la liquidité et sa transposition temporelle, l'instantanéité, débouchent sur un monde plus volatil.

– Quel est le rôle de l'État dans cette économie marchande ?

Contrairement à certaines thèses contemporaines, l'économie de marché ne coïncide pas avec un pouvoir public chétif. Au contraire, celui-ci gagne en importance dans un modèle économique que l'on veut voir dépouillé de monopoles et d'oligopoles. L'État doit s'inscrire dans une logique à la fois régulatrice et protectrice.

Dans le livre V de la *Richesse des nations*, Adam Smith définit les fonctions d'un État en charge de l'intérêt général. Il ne s'est pas contenté d'établir que la main invisible du marché transformait en optimum général des comportements individuels. Il souligne aussi qu'il existe trois biens ou services auxquels la main invisible ne saurait pourvoir. Ils sont donc à la charge du souverain ou de la république. Les deux premiers d'entre eux sont la défense et la justice. Mais Adam Smith ajoute que : «*Le troisième et dernier devoir du souverain ou de la république est celui d'élever et d'entretenir ces ouvrages et ces établissements publics dont une grande société retire d'immenses avantages, mais qui sont néanmoins de nature à ne pou-*

voir être entrepris ou entretenus par un ou par quelques particuliers, attendu que, pour ceux-ci, le profit ne saurait jamais leur en rembourser la dépense.»

– Comment traduire cela en termes de modèle?

La meilleure efficacité économique est obtenue par un morcellement des entreprises, tendant idéalement vers une concurrence parfaite, tant dans leur champ d'activités que dans leur actionnariat, préféré minoritaire et dispersé. Ce n'est pas une coïncidence si les autorités américaines interviennent de manière résiduelle et en second rang (après le marché) pour contrer les rentes de situations monopolistiques. En simplifiant de manière outrancière le raisonnement, j'avancerai que la recherche des rentes monopolistiques fonde le comportement darwinien des entreprises privées et que, face à une mondialisation qui crée des «méta-entreprises» privées, le rôle régulateur des pouvoirs publics doit se renforcer.

L'économie de marché n'aura pas d'aboutissement dans ce que certains qualifient de «théorie du choc», à savoir l'élimination de la sphère étatique, une répartition sociale homéopathique et une liberté d'entreprendre débridée. Ceci ramène à un des grands défis de nos communautés occidentales : la répartition des richesses, c'est-à-dire l'alignement des intérêts privés et des bénéfices sociaux. Dans ce domaine, il faut d'abord accepter que la recherche de la prospérité fonde le progrès. Il convient ensuite que les pouvoirs publics guident la répartition de cette prospérité, insuffisamment mise en œuvre dans les pays anglo-saxons et trop souvent postulée avant sa création dans les pays latins. Si l'économie de marché est l'ordre naturel, ou même la réalité absolue de nos communautés occidentales, elle ne sera pérenne qu'en étant sociale et redistributrice.

– Pour conclure, il y aura donc bien un avant et un après-2008?

Pour le Royaume, la crise scelle la fin de l'économie du XXe siècle, qui avait survécu, comme en suspension, pendant huit ans.

Les indices de cette mutation ne manquent pas. En quelques années, de nombreux centres de décision corporatifs ont été déplacés à l'étranger. Les institutions publiques de contrôle prudentiel se sont escamotées dans la réglementation européenne. La politique monétaire et budgétaire elle-même a été déléguée aux autorités européennes. Et, surtout, le rôle de l'État s'est dilué au point qu'il n'est plus un instrument de stimulation économique.

Il ne faut plus se faire aucune illusion : la période des années d'isolationnisme économique appartient définitivement au passé. L'intensification de la mondialisation forcera les systèmes sociaux de tous les pays à converger vers des normes de compétitivité internationale. Le débat concernant la hauteur de la pression fiscale et des coûts salariaux en Belgique ne pourra plus être escamoté. Les déficits d'adaptation du monde de l'emploi devront être mis en cause. Le pays pourrait pénétrer dans une lugubre saison froide, au cours de laquelle nos réalités anachroniques vont précéder des ajustements difficiles.

Intuitions provisoires

Octobre est un mois particulièrement dangereux pour spéculer en bourse. Mais il y en a d'autres : Juillet, janvier, septembre, avril, novembre, mai, mars, juin, décembre, août et février.

Mark Twain,
Écrivain et essayiste américain, 1835-1910

La crise des *subprimes*, c'est-à-dire de la défaillance des prêts hypothécaires accordés à des emprunteurs insolvables, a déclenché une crise bancaire et boursière d'exception. Cette crise était prévisible, car ses racines sont anciennes. Elle fut alimentée au début du siècle, lorsque la *Federal Reserve* américaine décida, pour des raisons incontestables, de baisser les taux d'intérêt afin de soutenir le prix des actifs boursiers et immobiliers dans un contexte hasardeux (bulle Internet, attentats du 11 septembre, etc.). Cette baisse de taux contribua à débrider l'endettement des ménages américains. Les premiers signaux de défaillance hypothécaires apparurent dès l'été 2006.

Confiner les secousses de la sphère financière à un ébranlement du crédit hypothécaire nord-américain serait toutefois réducteur. Cela reviendrait à confondre un problème avec ses symptômes. Or, en économie, il y a moins de séquences de causes à effets que de phénomènes complexes qui s'entrelacent et se corrèlent.

Sans prétendre à une quelconque analyse définitive, nous nous sommes essayé à transposer, dans le contexte européen, plusieurs réflexions nées des turbulences.

Dans le domaine de la gestion des risques financiers, des leçons devront être tirées. Les exigences de fonds propres des établissements de crédit seront désormais renforcées pour tenir compte de la nature et des capacités de recours à un actionnariat en cas de problème, de la nature des activités et des financements. Mais ces fonds propres, même augmentés, ne pourront jamais couvrir la totalité du risque ni même une fraction satisfaisante du risque systémique.

Depuis longtemps, les théoriciens académiques craignaient qu'au niveau mondial, les exigences prudentielles en matière de fonds propres des institutions financières soient, en moyenne, insuffisantes pour absorber des chocs extrêmes. Cette crainte était liée à la sophistication des instruments financiers, entraînant eux-mêmes des risques d'effets dominos. Ce n'est d'ailleurs pas étonnant : les fonds propres sont destinés à absorber les pertes exceptionnelles pour protéger les déposants et les assurés. Le choc systémique a mis cette réalité en évidence. Les pouvoirs publics y ont répondu de manière adéquate.

La crise a donc apporté la réponse correcte à une question imprévue, à savoir le calibrage des fonds propres des établissements de crédit et entreprises d'assurances en cas de chocs planétaires. D'ailleurs, le marché boursier a exercé une pression impérieuse sur les institutions qui n'étaient pas suffisamment capitalisées afin qu'elles le deviennent. Ce qui est bien sûr troublant, c'est que cette pression s'est exercée même sur des établissements qui étaient pourtant suffisamment capitalisés selon les exigences actuelles.

Le marché dicterait-il donc, dans son anonymat et ses outrances, de nouvelles exigences aux autorités de contrôle que celles fixées il y a une vingtaine d'années ? Aurait-il gagné un bras de fer sur les pouvoirs publics ? Ce n'est pas exclu. Un des messages de la crise est l'entrée dans un monde plus volatil, exigeant des institutions financières plus robustes. C'est donc une immersion brutale dans les réalités de l'économie de marché.

Une autre leçon concerne la gestion humaine. Pour certaines institutions financières, la crise va inévitablement entraîner une rupture managériale, qui pourrait même déboucher sur une relève générationnelle. Depuis plusieurs années, la gestion financière s'est mécanisée et mathématisée. Le métier financier est devenu moins artisanal et plus statistique. Cette évolution exigera des compétences scientifiques confirmées. Les juristes céderont le pas aux économistes, ingénieurs et statisticiens. Il faudra s'éloigner de certains conformismes comportementaux. Des métiers connexes en sortiront grandis : la comptabilité, l'audit et la gestion des risques. La nécessité des comités d'audit et d'administrateurs indépendants dotés d'une expertise financière sera, à nouveau, soulignée. De manière croissante, les conseils d'administration réuniront des stratèges financiers.

Les péripéties financières rappellent le bien-fondé incontestable des organismes de supervision nationaux, au sein desquels la Banque Centrale Européenne est désormais le pilote du secteur financier européen. La densité du contrôle prudentiel est souvent subséquente aux excès qui le justifient. Il n'en est pas moins patiemment tissé au niveau mondial. La protection des emprunteurs et l'information des clients des établissements de crédit, fortement réglementées dans notre pays, démontrent également toute leur utilité. Les modalités du contrôle prudentiel seront sans doute modifiées, mais de manière uniforme, à tout le moins dans la zone euro, autour de différents axes : unicité progressive des règles prudentielles, transparence, meilleur suivi des agences de notation, convergence des normes comptables et renforcement des institutions européennes et internationales.

Tout au long de cette crise, les bourses de valeur ont parfaitement joué leur rôle en termes opérationnels, puisqu'elles ont assuré, sans rupture, une fluidité optimale du capital et la formulation continue et permanente de valeurs. Si les cours des bourses ont été accablés par des flux d'ordres, il n'y a pas eu de crise des bourses. C'est d'ailleurs une des leçons des événements, à savoir que la sphère financière a besoin de marchés réglementés afin d'assurer la formation de prix de référence. L'enseignement de la crise est que la transparence discipline le système.

Ce qui est incidemment intéressant dans cette crise, c'est la prise de conscience du risque systémique. L'effondrement systémique est, pour tout économiste, le trou noir, le néant suivant l'implosion. C'est la pandémie financière. Il représente l'annihilation du système, voire la négation de la perspective du futur. Le risque systémique est, pour cette raison, inassurable et non diversifiable. Ce risque a été évité par des autorités gouvernementales et monétaires dont il faut saluer les actions décisives, et ceci même si les prises de contrôle de certaines institutions par les autorités publiques ne doivent pas s'interpréter comme des choix idéologiques, mais plutôt comme des réponses inductives à des problèmes techniques.

La résilience du système est donc le message fondamental de l'année 2008.

La meilleure illustration de la résilience, c'est sans doute le communiqué de la réunion du G-20, tenue le week-end du 15 novembre 2008 dont, même si les effets concrets en sont encore incertains, place des balises importantes. Ce sommet a en effet décidé de renforcer la coopération internationale pour restaurer la croissance mondiale et réaliser les réformes nécessaires dans les systèmes financiers du monde. Cette démarche – ainsi que nous le défendons dans ce dialogue – est fondée sur les principes du marché, des économies ouvertes et des marchés financiers correctement réglementés. Le G-20 reconnaît aussi la nécessité d'une harmonisation internationale afin d'intensifier la coopération internationale entre régulateurs, de renforcer les normes internationales où cela est nécessaire et de veiller à leur application uniforme.